つながり合う世界

西園寺昌美
Saionji Masami

白光出版

つながり合う世界

目次

第1章　神性復活

第2章　一人一人は無限なる叡智を宿している

第1章 神性復活

神性復活……精神文明へのパラダイム

（二〇一五年『白光』五月号）

地球の次元上昇と進化創造のうねり

世界人類は、今まさに個々に進化創造を遂げようとしています。すでにそのうねりは始まっており、いよいよ一人一人が、宇宙大進化の潮流に乗る時に来ているのであります。

なぜならば、地球の次元上昇と共に、富や名誉やバックグラウンドといった外面の物質的豊かさよりも、内面に重きを置く精神的に目覚めた人々、自らに備わっている神性[注1]を思い出した人々が各所で生まれ始めているからです。政治、経済、教育、科学、芸術、文学、医療、メディア等々……さまざまな分野の中から、人種、民族、国家、宗教宗派、主義主張を超えて……。人類の多くがますますスピリチュアルな生き方に目覚め、神性を見出し始めた時、世界は変貌を遂げます。それも徐々にではなく、一気にです。

　人々は、これまでの常識や知識を超えたところに存在する直観や叡智を自覚し始め、それらを発現させる方向へと強く導かれてゆくのであります。善なる心で愛と徳の生き方を貫く高次元意識の人々が増えるにつれ、どのような苦悩や困難といえども、自分たちに内在する叡智や能力で、それらを克服する力が他の人々の中にも現わされてくるのです。

　それは、人類一人一人は、他と決して遊離しているものではなく、すべての生命と全く一つに結ばれており、世界の国々、人々はみな、空間によってつながっているからであります。

固定観念を手放し覆す

人類創生時、宇宙神[注2]は自らの分身として、その光の一筋を、波動を粗くしてゆくことで肉体界にも人間を誕生させました。当初の肉体人間は、宇宙空間（天地）を自由に行き来し、誰もが無限なる能力、叡智を出し合って、自らの言霊により地上に善いもの、役立つものを次々と創り出していました。各々が個性や特性を生かしながら、発明する感動、創造する喜びに浸り生きていたのです。

だが時を重ね、地上の波動に慣れ物質化が進んだ人類は、横のつながりの発展に伴って自我意識を強くし、自他一体感を忘れてゆきました。その歴史のプロセスにおいて、真理や神の光を心の奥底にしまい込み、天地（縦）のつながりを忘れ去っていったのです。同時に、現象的な利害損得の勘定に秀でた者と、そうでない者との差が生まれ、対立や差別が生じるようになったのでした。

やがて人間同士で暴力や闘争を繰り広げるようになり、多くの物質や権力を持った者が人々を支配するようになったのです。この危機を救うべく、神々の憂いを感知した聖者、賢者、宗教家たちは、学問や哲理を学び取り、また必死に祈り、天の理を修めました。そして虐げられた善人たちの救済のために、かつまた真理を無視した強欲な権力者たちの戒めのために、この世の法則(ルール)として輪廻転生説、原因・結果という因果律を誕生させたのでした。

「自らが犯した行為は、すべて自分自身が受け取る」という法則です。この法則が実に長い間、人々の魂の中に深く刻印されつづけ、今日にまで及んできたのです。だが、人類の進化のプロセスとは言え、いつまでも過去の因縁因果に引きずられて生きつづけることを余儀なくされるならば、誰一人として真の救われには至りません。何度転生を繰り返そうと真の自由、真の幸せには届かず、自己の本質(神性)に到達することは叶わないのです。

しかし二十一世紀、霊文明、精神文明の時代に至り、真理に目覚めた人々の出現とともに、いよいよ人類の誰もが、因果律という固定観念を覆し手放す時が本格的にやってきたのです。生きるために働き、生きるために食べ、生きるために闘う人生ではなく、自らに内在する無限なる愛、無限なる繁栄、無限なる生命を現わしてゆく人生へと替わってゆくのであります。

精神的な成長を知る鍵

これまでの物質偏重の生き方は、自我欲望による自己主張以外の何ものでもありません。もう競争は充分であり、贅沢《ぜいたく》も必要ないのです。それ以上に重要なのは、一人一人の精神を高め上げ、質を向上させた生活へと切り替えてゆくことであります。

精神的に成長できたか否かを知る鍵は、自分の人生の上に生ずるいかなる問題、さまざまな状況をどれだけ他に頼らず、自身の内なる力で解決できたか否かです。自分の失敗を決して他のせいにせず、自分で責任を取れたか、否かであります。

そして家族や他の人々、社会や国家の中に競争意識がなくなれば、子どもたちは否定的な思想から全く解放されてしまいます。自由にのびのびと自分の好きな学問を、使命感を持って見出してゆける、お互いの個性や生命を尊重し合いながら、周りによい影響を与え合ってゆけるのです。また、どの親もプラス思考、ポジティブ思考で生きてゆけるので、人々の中にあっても、その人の善いところ、優れたところ、自分にない輝かしいところを認め合い、尊敬し合って社会が成り立ってゆくのであります。

食事にしても、贅沢さを好む食生活から健康食を中心とした自然食に切り替え、自分の健康は自分で守ってゆく方向へと切り替えてゆくのです。生産者と消費者が協力し合って質の高い製品をつくり出し、自然の恩恵に与《あずか》った製品を食してゆくのであります。

品質が高くなると、自然と身体に毒が溜まらなくなるので、健康にもなってゆきます。医者や薬に任せ、頼って生きる生き方ではなく、病気になるのは自分の日頃の生き方、習慣や悪癖によるものであるということが理解されるようになってゆくのです。さらには、逆に病気になることによって、病気を恐れる代わりに、善い方向へと運命が変えられるチャンスとして受け取り、心から喜べるようになるのであります。

人類は贅沢さえしなければ、必要以上に物を蓄えさえしなければ、世界全体に食も住も廻せるのです。それゆえ、もう既に物質を充分に持てる人は、今以上の物質を欲することなく、他の人々が共に生きられるような生き方へと意識変革すべきであるのです。高いレベルの意識で、それ以上求めることを、自らを規制してゆくならば、他の人々も、それ以上何を争い、死に物狂いになって有限なる物質を掻き集める必要があるのだろうかと、気づいてゆくのであります。

ワンネスを導く真実の祈り

人間は誰も、一人で生きられるものでも、一人で生きているのでもないのです。一つ一つの部分が集まって全体を構成している、いわばパズルの一片であります。どの一片が欠けても完全なる形には決してならないのです。

すべての人がお互いの多様性を認め、お互いに助け合い、理解し合い、分かち合ってこそ、それぞれの生命を完うすることが出来るのです。従って、自分のことのみを考えて生きることは、自分のためならず、であるのです。出来る限り、人のこと、人類のことを念頭において生きるべきであるのです。

人間は、元は一つ、ワンネスだからであります。生命として一つに結ばれ、切り離すことは出来ないのです。異なる言語、異なる文化、異なる宗教、異なる理念、心情で生きているにせよ、人間の生命は何一つ違っていません。人種、民族、国による違いも決してないのです。たとえテロリストであっても、全人類一人一人の生命の重さ、貴さ、尊厳の大切さは誰一人変わらないのです。

そもそも、この宇宙に対立、悪なるものなど存在しないのです。すべての対立は、人類の心の中にのみ存在しているものであり、悪とは、限りなく限りなく、果てしなく低い善の現われであり、真理からほど遠く、完全なる光を体験していない心の中の影なのです。

それゆえ、真理に目覚めた人々が真の祈りにより、闇に覆われ堅く閉ざされた彼らの心の中に、魂に光を送ることが最も大切なのです。愛と思いやりのひびき、慈しみのエネルギーを放ちつづけてゆくのであります。

真の祈りとは、人間を真実の生き方に導くものです。赦しであり、寛容であり、慈愛です。不安、恐怖を意識的にコントロールし、自己限定を解き放つものです。

天に、地に、山に、海に、動植物に……生きとし生けるものすべてに感謝を捧げることであり、それらと全く一つに結ばれ、お互いの生命を生かし合ってゆくことであります。そして、失ってしまっている光、真理を再び復活させ、本来の神意識（神性）を目覚めさせるものです。真実の祈りとは、人類の魂の栄養であり糧なのであります。

人生の目的と人類の使命

世界を変え、動かし、世界を真に平和にするのは、人類一人一人の働きなのです。そのためにも人類一人一人の思考の転換、意識改革が今こそ必要なのです。一人一人が心して、自らの誕生を、自らの存在を、そして自らの生の何たるかを改めて考えるのであります。

人類はみな、宇宙に属し、地球に属している、同じ宇宙人であり、地球人であります。平等に存在している空気や水や大地を共有し、同じ輝き、同じ光を頂いて生きている同じ人間です。

人類一人一人は、永遠の生命を持つ崇高なる存在、生命体であり、誰もが永遠につながっているのであります。地球存続のため、世界人類の平和のために、強い絆で結ばれているのです。誰もが、ディバイン・スパーク、宇宙神の光の一筋なのであります。

宇宙神とは、全知全能であり、無限なる愛そのもの、無限なる叡智、歓喜、繁栄、エネルギーそのもの、パワーそのもの、すべての本源であります。その光の器である肉体に、愛や真、善なる心、即ち、神性を自己実現してゆくことこそ、肉体人間に与えられている最大の天命、ミッションなのです。自分自身が他のすべてと調和し、輝かしい姿を自らの仕事や働きを通し、世に顕現してゆくのであります。

人類のゴールとは、その自己の真実である神性を見出し、取り戻すことにあるのです。また自身の魂の探求に向けての努力こそ、真の人生であり生きる目的なのであります。

自他の神性を認め信じる

戦争も、貧困も、抑圧も、飢餓も、難民も、すべては人類一人一人の心の中にある差別や対立、偏見に端を発しているのです。この差別や対立、偏見こそ、世界におけるすべてのトラブルの元であるのです。他を差別するという心は、自分が他より劣ってはいない、勝《まさ》っているのだという思い込みがあって生じてくるものであるからです。自分と他との間にある、能力の差、貧富の差、学歴や家柄の差を無意識のうちに感じ取り、比べてしまうのです。そして人と比較してしまうからこそ、心の平和が乱され、不平不満や葛藤が生じてくるのであります。

これは、人類一人一人の中に横たわっている自我によるものです。だが、この「自分が」「私が」……という自己主張を、自他を比べ、競い合い、争うために行なうのではなく、自らの上に個性として、特性として積極的に生かしてゆけば、素晴らしい自分自身を創造してゆくことが出来るのです。他人と比べるのではなく、過去の自分より、昨日の自分より、もっともっと立派になりたい、明るくなりたい、愛深い人間になりたい……と自分を高め上げるために、すべての物事に積極的に取り組んでゆく姿勢が尊いのであります。

そのためにも、自身の内に無限なるものすべてが存在しているという真実を認めるのです。自分の中の神性を信ずるのであります。自らの神性を本当に認識した時、他の人の神性も認めることが出来るようになるからです。そこで初めて自分と他の間の差別や対立、偏見が消えるのです。自らの本質は、悪ではなく善であること、愛そのもの、調和そのもの、光そのものであること、すべての苦悩や困難はよくなるための〝消えてゆく姿〟[注3]であるということを学び、信じることにより、誰もが自らに内在する神性を顕してゆけるのであります。

そして虚栄や虚心の全くない、生きているそのまま、生かされているそのままで自由に生き生きと生きるのであります。何事にも把われることなく、自分が本当にしたいように思い切って生きるのです。常に他人の思惑を考え、ああではないか、こうではないか……と自分の尊い生を小智才覚によって生きることは、自らの生命を抑圧していることになるのです。肉体人間の小智才覚の想いを巡らせなくなった時、人は誰もみな、叡智や直観力を発揮した神智のままの生き方が出来るのであります。

運命を変える信じる力、心の力

人類一人一人が、悔いのない幸せに満ちた人生を生き切るには、自らの心から「出来ない、無理だ、不可能だ」……といった否定的感情想念を出来るだけ排除してゆかねばなりません。意識して自らの発する言葉や感情想念を「絶対大丈夫、必ず出来る、ますます幸せになる、良くなるばかりである」……と光明なるものに変え、プラス思考、光明思想[注4]で生きるのです。光明思想とは、大いなる希望、目的、無限なる繁栄、幸せ、成功、平安……といった、魂からほとばしる歓喜の想念であります。

人は誰も、自分の意志や言葉、行為によって、すべての現象を自らの運命に引きつけ、人生を創造しているからです。自分について思い込んだ通りの者になるからであります。信じたものが、そのまま現われてくるのです。疑ったことが生じるのです。それほどまでに信じる力、心の力は偉大であり、何を信ずるかによって人生は幸にも不幸にも別れるのです。心は何かを決めたならば、即その方向へと働き出すのであります。それゆえ、常に自分が何を摑み、何を自分のものにしてゆくかが大事になるのです。

自分は自由だと信ずれば本当に自由になり、縛られていると思えば本当に縛られるのです。愛を信じれば愛が、調和や平和を信じれば調和や平和が、自らの運命に生じるのであります。運命とは、まさに自分の信念の投影なのです。信念はパワーであり、エネルギーです。

それゆえ、自らのエネルギーの正しい使い方により、いくらでも運命を方向転換することが出来るのです。自分の欲望を達成することのみに、自らのエネルギーを消耗せず、かつまた感情想念の赴くままに衝動的に行動に移さず、いったん心を鎮ませ、内なるエネルギーの正しい方向性を定め、配分に心がければよいのです。

一瞬、一瞬の自分の言葉や想念、思考、行為を善なるほうへ、素晴らしいほうへ、希望あふれるほうへと選択しつづけ、決定してゆくのです。完璧なもののみ、健康のみ、繁栄のみ、成功のみを未来に刻みつづけ、明るく調和した輝かしい未来を受け取るのであります。

物質と精神が調和した世界観の浸透

これからは、人類一人一人の精神、意識で常識のレベルを次元上昇させてゆくのであります。人生は辛く悲しいものである、肉体がすべてである、死んだら終わりである……という常識を変えてゆくのです。

人類の精神、意識は、運命を、環境を、肉体を、そして社会を、国を……すべてを変え、進化創造させることが出来るのです。真剣に意識を集中するならば、すべてが可能になるのです。自らの内部の中心核、神性につながるからであります。

そして、常識のレベルが引き上げられると、分離していた科学と宗教が一つに融け込んでゆき、世界の情勢、環境が好転してゆきます。これまで物質世界にのみ留まっていた科学。一方、精神世界にのみ偏っていた宗教。これらの二つが統合されて、新たなる第三の統合波を創造してゆけるのです。

それにより人類の思考過程が大きく変化してゆく兆しとなるのです。五感では体験したことのない事柄に関しても、自らに限界や制限を設けることなく不可能を可能にしてゆく人々が現われ、増えてくるのです。これは、地球の次元上昇にとって大いなる力となり、働きとなるのです。物質と精神が調和した世界観が浸透し、かつての常識が根本から変わってゆくのであります。

例えば、否定的想念を発したとしても、自他の幸せと繁栄を心から願う目覚めた人々が築き上げた、光明の共磁場[注5]の作用により、本来ならば、真理を学ぶ材料であるはずの悪い結果をもたらす前に、極々少なく消してゆけるのです。マイナス想念の共磁場の波長と合わなくなるからです。こうして、これまでの絶対的法則であった因縁因果の法則が覆されてゆくのであります。

これが当たり前となり、新たな習慣となれば、人類の言葉、想念、行為が光明化され、意識は常に良いもの、光明なるものに引きつけられるようになってゆきます。誰の心の中からも悲しみや怒りを誘い出す外的条件が自然に取り除かれ、善なる言葉、想念だけを発し、行ないに現わせるようになるのです。そして、この現象が、人から人へと次々に広がり、世界中に行き渡るようになるのです。なぜならば、日頃、人類一人一人が発している言葉、想念、行為はすべてバイブレーション（波動）だからであります。

神性復活——精神文明へのパラダイム

人類は今、みな一つになって、大きな障害、混沌とした危機的、破壊的な状況を乗り越えてゆくのです。人類の福利と生存を脅かす環境破壊や異常気象をはじめ、社会、医療などの大問題の解決を計り、乗り越えてゆくのであります。

今こそ、世界中のすべての人々が平和を追求するのに相応しい時であるのです。世界人類一人一人が一つに融け合って、全く新しい平和世界を創造し、築いてゆくのです。三次元、物質偏重主義の世界から、より高度な四次元、神性顕現の世界へと入ってゆくのであります。

そのためにも、既に神性復活を果たし、精神的な生き方を自己実現している高次元意識の人々から率先して、人類に真理の目覚めを促進してゆくのであります。万物一切の進化向上を計り、それに向けて無限なる愛を注ぎ、未来に夢と希望を託す絶対なる光明思想の生き方に、人類を導き入れてゆくのです。「こんなに幸せで、こんなに満ち足りて、こんなに健康で、こんなにすべてのことが調ってて勿体ないくらいである」と、感謝と至福に満ち溢れて生きる高潔なその姿に、多くの人々は共鳴し追従してくるのであります。

人々は、自らの神性を知り、本心に目覚めることによって、自己否定、自己被虐に陥っていた自分の思考を改め、自らの叡智や直観を導き出し、すべてを解決できると気づいてゆくのです。その体験によって、人は自らを信頼できるようになり、過去の過ちや失敗に把われることなく、常に自らの本心、神性を見出し、その真理に沿って生きることが当然のようになってゆけるのです。自らが向上し、高め上げられてゆく喜びを感じて生きてゆけるのであります。何より、自分の内側には神性しかないと知る時、人は至福に満たされるのであります。もう何も恐くはないからです。

そして人類一人一人は、自らの神性を顕現しつつ、すべての国境、人種、民族、宗教宗派を超えて、各々が属するあらゆる分野（国家、政治、社会、組織、宗教……）に対して、お互いに尊重し合い、認め合い、影響し合って、真の統一体を形成してゆくのです。いかなる分離、対立、差別もない、闘いも争いもない、真理より編み出された世界秩序が確立された国家、都市、町を形成してゆくのであります。

世界人類が平和でありますように

すべては完璧、欠けたるものなし、大成就

神性復活に向け、習慣を変える

（二〇一五年『白光』七月号）

常識と宇宙の真理の法則は違う

人間は本来、何でも出来るのです。「出来ない」というのは、宇宙神の真理の法則にはないのです。

人間は本来、どんなことでも成就することは出来ます。自分の想念、言葉は、それがいかなる目的であれ、目的を達成するために働きつづけるからです。その人の心のエネルギーが強力にその考え、想いの中に投入されると、その考え、想いは永遠に生きつづけよう、働きつづけようとする強い意志を持ちます。その人の考えや想いが肯定的なものであっても否定的なものであっても、その人の想いや考えをそのまま心は受けて、目的に向かって仕事をスタートし始めるのです。考えや想いの実現に向けて、永遠に作動しつづけるのです。

でも世間では、何か素晴らしいことを実現したいと思ったのに、出来なかった、成就しなかったという話が多々あります。なぜでしょうか。

それは心のどこかで何かに甘えていた。自分を助けてくれるものがあるはずだと他に依存していた。あるいは本当はそれを望んではいなかったということもあるでしょう。

結局のところ、出来ないというのは、本来の自分を信じていないということなのです。

何かを実現しようというプロセスにおいて、やはり無理だと思ったり、自分を中傷する噂を耳にしたり、自分の目的を否定するような言葉を浴びせかけられ、目的に到達する前に自分自身の意識でもって挫折してしまう。いわば目指していたはずの目的地が変わってしまう。

これが常識、固定観念と言われるものです。

常識、固定観念というものは、宇宙の法則でもなければ究極の真理でもありません。常識とは人間がつくり上げたものであり、固定観念とは大衆がそう思い、信じ込むことによって、それが世界中に広まっていったものです。

そうした常識や固定観念に支配されて、自分はダメなのだ、自分は無理なのだ、自分は才能がないのだ、自分は貧乏だから、自分は学校を出てないからと諦めてしまう。また、親からお前はダメだ、お前はバカだ、能力がないと言われつづけ、それによって自分自身を信頼することも赦すことも出来なくなってしまう。そこが人生の目的のブレなのです。

しかし、世界はこれから変わります。二十一世紀、どんどん変わっていきます。神性が復活されれば、戦争も飢餓も貧困も差別も、そして死への恐れすらなくなります。そういう世界はあるのです。それを現実に創り上げていくのはここにいらっしゃる皆様一人一人です。皆様の意識の持ち方です。

不安恐怖の現状は固定観念の産物

今、日本でもあらゆる混乱が生じています。いつ自分がクビになるかもしれない。いつ病気になるかもしれない。いつ自然災害に襲われるかもしれない。原発はどうなるのか。さらに海外に目を転じると、戦争、紛争、化学兵器、人身売買、奴隷、貧富の差……。不安恐怖のデータがたくさん耳に入ってきます。

それらはすべて固定観念や常識に侵された人たちが作り上げたものです。

例えば今、世界中に異常気象が広まっています。世界中で地震が起こり始めています。あらゆる所で火山が噴火し始めています。これは偶然でも自然現象でもなく、人類の飽くなき欲望の結果です。原発を作り、石炭を掘り起こし、CO_2をまき散らし……すべて人為的なものです。地上をむやみに掘り返せばバランスが崩れます。膨大な燃料を温めれば気候が変動を起こします。自然現象でも何でもなく、人間の欲望の結果です。

[注6]五井先生は五十年も前から、災害は人為的なものであるとおっしゃっていまし

た。その時、誰も信じる人はいませんでした。自然災害が我々一人一人の責任だなんて誰が思うでしょう。思えるはずがなかった。

しかし今は違います。本当に人類が一つになれば、そして本当に人類が自分を信じれば、火山噴火だって、地震だって、災害だって、津波だって防げるのです。

何百メートルの壁を作って津波を食い止めようなんて、まだそんなナンセンスなことを考えている学者や自治体もありますが、一番大事なのは、自分自身が、人類一人一人が責任を持って自分を変えることなのです。

皆様は、自信を持って生きていますか？ 死をも怖くはないですか？ ガンを宣告されたらどう思われますか？ 飢餓に襲われたらどうなりますか？ 生きていかれますか？

もうそこでノー、ギブアップしてしまう。その不安な心はどこから起こるのでしょうか。

過去の出来事に把われてしまっていることに原因があります。過去の体験、過去の歴史から編み出されたものに自らの全エネルギーが集中し、過去に基づいて現在の出来事を解決しようとするから、未来は過去の延長線上になり、変わらないのです。戦争、紛争、闘争、人種差別、宗教紛争は繰り返され、財産、権威、学歴、才能の有無といった物質欲や優劣に対する意識が出てしまうのです。

本来の自分を信じることが神性復活の第一歩

だからこそ、神性復活なのです。人類一人残らず、それぞれの中に光り輝く神と直結した神聖なる意識、宇宙神と直結したＤＮＡが内在している。無限なる叡智、無限なる能力、不可能を可能にする素晴らしいエネルギーを誰もが平等に持って、この世に誕生しておられるのです。それをみな忘れ果て、何かあると宗教に依存する。何かあると保険に依存する。何かあると医者に依存する。何かあると政策に依存する。

この依存の心はどこから生まれるか。自分に自信がないことです。なぜ自分に自信がないのか。自分の神性を忘れてしまったからです。

私たちの目的は千差万別ですが、どのような目的を持つにせよ、最後には真の目的に吸収されてゆくものです。それは人類一人一人の本心が、自らを必ず大いなる人生の目的に向かって導いてゆくからです。

神性復活という本当のゴールを目の前に突き出しましょう。私には素晴らしい叡智がある。それなのに、私より優れた人、私より美しい人、私より才能のある人を仰ぎ見て、自分はダメだ、出来ないと思い込んできた。なぜ人と比べるのでしょう。ダメだと思い込んでいる自分が自分を不幸にし、自信のない人間に仕立て上げていくのです。

生命の尊厳、自らの尊厳を高めることが人生の目的なのです。誰かと自分を比較して、あの人より私は出来ない、私のほうが出来る――そんな比較が人生ではありません。比較から生まれる目的など、本当に末端の末端というべきものです。それは誰だってお金持ちになりたいでしょう。誰だって美人に生まれたいでしょう。誰だって才能を持ちたい。誰だって皆から尊敬されたい。皆そうでしょう。でもそれすらプロセスなのです。本来の目的に辿り着くための、初段階の物質的な目的です。

人類は長い歴史の中で、自我欲望を芽生えさせ、次第に神性というものを忘れ果てていきました。そして物質的な才能を生かした人を尊敬するようになりました。それと比べて自分はお金もない、大学も出ていない、病気だ何だと自分を悲観する。とんでもないことです。今生かされていることを有り難く、この人生によって自分は神性復活が出来るチャンスが与えられたのだと思うのです。

権力もある、財産もある、名誉もある、そういったことで皆から尊敬されているような人たちは、逆に心が寂しいのです。だから飽くなき欲望が出てくるのです。いくら豪邸に住んでも満足いかない。いかないのは当然です。なぜなら神性というものは、そんなことで満足できるものではないのです。

本当に自分が満足できることとは、人のために自らの愛を捧げることです。

どんな悲惨な状況の中でも、親から愛情を受けてこなかった人たちも、悲しみのもっと奥には自分は人から喜ばれたい、人に尽くしたい、捧げたいという意識がある。これが神性なのです。自分のためだけに労力を使い、自分のためだけに人を使い、自分のためだけにお金儲けをし、自分のためだけに働く人は虚しく、本当に叶えたい目的は永遠に叶わない。貧困の中で労り合って、一つのパンを分かち合う中にも幸せはあるのです。

私たちは失ったものが多すぎるのです。飽くなき欲望を追求した結果、お互いに愛することを失ってしまった。赦し合うことを失ってしまった。励まし合うことを失ってしまった。お互いに人の手柄を尊敬し、賞賛する心を失ってしまったのです。人の足を引っ張ることを喜ぶ、人が失敗することを喜ぶ、人が苦しんでいるのをいい気味だ、自分はまだましだと比較して満足を得る。真理からブレた選択、これが間違いのもとです。

固定観念を外す方法——意識のエネルギーを未来に向ける

さあ、私たちからまず固定観念を外しましょう。ノーベル賞を取った人だけが有能な人ではない。その人は、自分のやりたいことを必死で求めて、自分は出来る、絶対したいのだという信念をひたすら持続させた結果、自分のエネルギーが神性とつながり、遺伝子がオンになって達成できた人です。

どんな人でも諦めなければ出来ます。自分の意識を百パーセント、その目的に注げば、必ず成就します。遺伝子工学の第一人者である村上和雄先生はおっしゃっていました。遺伝情報はどんな人もほとんど変わりがないと。遺伝子をオンにするかしないかの違いがあるだけです。

人類平等に与えられた愛、可能性のエネルギーを、自分がどこに使うかです。過去の悔いに使うのか。あんなことをしてしまったから私は今日もダメだ。ああ、あの失敗が恥ずかしかった。しかもその失敗を償うことは出来ていない。これから先、自分はどうなるかわからない。ガンになるかな、医療費はあるかな。せっかく平等に与えられた果因説[注7]のエネルギーを過去の悔いのみに使うのはもったいないことです。

今生きているのに、過去が思い出される、常に過去に把われる。今度はさらに違う過去、もっと過去。それは過去に生きているということです。今を生きていないから、新しい未来が創られていかないのです。

どんなことをしても、過去は取り戻せません。過去の失敗や悔いや人を傷つけたこと、辱めたこと、自分が恥ずかしい想いをしたこと、自分が至らないことをしたこと、それをどうやって自分で直せますか？　努力しても悔いても過去は過去。それもすべて神性復活のプロセスです。赦されているのです。

ですから今まで悔いてきたエネルギーを今日、今の瞬間から未来へ向けるのです。

今の瞬間に過去を悔いることより、人のために役に立つことをしてみることです。どんなに小さなことでもよい。自分の意識を変えるのです。

常識を突破し、新しい世界へ

常識や想いというのは過去の習慣です。そして習慣が次の選択を導いてしまいます。多くの人は気が付いていませんが、過去から逃れるために違う選択をしても、それは意識が過去に把われた状態で行なった選択に過ぎず、そこに進化創造はないのです。真理からブレた選択は結果的にまた不安、恐怖を呼び起こします。

しかし、真理を見つめ、真理からブレない選択をする人は見事に神性復活へ到達します。皆様方の選択は間違いなく神性に向かっておられますから、必ず成就します。

神性復活に向けて、習慣を変えていくことです。またこうなるのではないか、会社に行けばまたあの嫌な重役に会う。姑にまた意地悪される。また認知症の父の面倒を見なくては。苦しいな、つらいな。過去に味わった苦しみや困難に今の自分の意識が向けられているから、同じ葛藤が起こるのです。神性復活に意識を向ければ愛と赦しが伝わって、相手も変わるのです。それは一瞬にして変わる。難しいことではない、まず自分の意識を変えることです。

たとえ相手が自分を見下し、評価を下したとしても、自分の意識が変わりさえすれば相手を無言で説得できるのです。本来、表面的に見えている部分でいい悪いなどと決められるわけがない。それは相手も間違っていますし、それに惑わされる自分も間違っています。お互いに表面的な部分で共鳴し合っている。

しかし、神性復活のエネルギーはその奥の無限なるエネルギーです。どんなに不可能だと思われたとしても、自分自身に可能にする意識、情熱、パッション、信念があれば、どんな細い道でも切り開いていかれる。

誰かがつくった道をただ歩んでいくだけでは世界は平和にならないし、人類の恐れから逃れることは出来ません。今、自らのよい遺伝子をオンにするのです。これから現われようとする不可能なことも、皆のエネルギーで、遺伝子オンで突破していくのです。それを創り上げていくことが、新しい神性復活の潮流を生むのです。一人一人の中に元々ある神聖そのもののひびきが人類の中に行き渡っていく。それは決して不可能ではない。不可能なんてあり得ません。

ですから「出来ない」と言う人に私はお伝えしたいのです。出来ないのではなく、しようとしなかっただけでしょうと。出来る出来ない以前に、しなかったのでしょう。しようとする決断、選択さえしなかったでしょう。何もしないで出来ない、不可能だ、そんなことを言ってしまうことが、いかに自分を貶め、神様から頂いた尊い命を侮辱していることか。神を拝んで「神様、助けてください」ではないのです。「神様のように自分は無限なる力を発揮できるのだ。神の姿をこの肉体に現わしていく、言動行為で現わしていく」これが神性復活です。

二〇一五年、神性復活の扉が開く

私は二〇一五年に希望を持っているのです。富士聖地[注8]に皆様と世界中からの共鳴者が集まって新しい潮流を創るのです。今、人権憲章、国民憲章、地球憲章、さまざまな団体の憲章など、素晴らしい憲章がたくさんあります。でもそれらは総体的で、今まで個人個人の憲章はほとんどなかった。今、自分自身のこととして受け止められる憲章が必要なのです。団体の憲章がどんなに素晴らしいものだったとしても、個人が自分のこととして、責任をもって実行できるものでなければなかなか理解が出来ない。

そこで個人のための憲章[注9]を二〇一五年に創り上げるのです。テーマは神性復活です。神性復活は、皆様方を通してまず家族に伝わっていく。学校に伝わっていく。職場に伝わっていく。そうして神性共鳴の輪が広がって、人類の神性復活がなされていく。

そのためには自分自身に力がなければ人は付いてきません。自分が実際に試してみることです。今日から「よし、自分を信じよう。今までは無難な道を選択していたけれど、神性復活のために新たな一歩を踏み出そう。真理からブレず人のために尽くす、自分は神性復活をしていくのだ」と。

神性復活に貧困はない。病もない。差別もない。不可能もない。満ち足りた光のみ。愛のみ。赦しのみ。そこへ行くのです。

そこに至るプロセスでは、お金を求めてもいい。いい伴侶を求めてもいい。求めてはいけないなんて一切言えません。すべての人は選択の自由を持っています。小さな成就を通して、最終的に神性復活という大いなる目的を達成してゆくのです。

一人一人が大事なのです。今生で苦しいこと、困難なこと、嫌なこと、辱められたことがあったかもしれない。それらは恥ずかしいことではない。尊いのです。大事なことなのです。自らを神性復活へ導くための一つのプロセスです。通過点ですから、それにこだわって生きていく必要はないのです。

皆、尊い生命です。素晴らしい生命です。大事な生命です。夫が自分をバカにしても、子どもがバカにしても、それは神性ではなく表面しか見ていない。同時に自分も表面を見てしまっていたのです。内に輝いている神性を自らが認めなければ、そのネガティブなエネルギーによって人は批判します。

人ではないのです。厳しいようですが、どんな苦しみも悲しみも、最終的には人が与えるものではないのです。自分はこういうことを言われたとか、相手にはめられてクビになったとか、あの人がおかしなことを言わなければこんなことにはならなかった、という考えは真理からブレています。

人には言わせておけばいい、それに対して批判や評価をする必要はありません。人それぞれ好きなことをしている。それぞれの選択に対して、私たちに何を言う権利があるのでしょうか？　人を非難する権利など自分にはないと同時に、人がすることは各人の自由です。だから言わせておけばいい。自分が毅然としてそれにはまらなければ、信念を持って自らを信じていれば、それはただ通り過ぎてゆくだけです。そんな言葉にうろたえて、そんな言葉に反抗して八つ当たりする、それは真理からブレた意識です。まず自らを強く信ずることです。

どんな過去があっても神性は損なわれない

どんな人にでも神性があります。テロリストにも神性があるのです。それは人に持ちかけられて選択したのかもしれない。本当に憎しみをもって選択したのかもしれない。いずれにしても自分の神性を見失い、ある時点で間違った選択をしてしまったのであって、その人の魂が悪いわけではない。それを咎《とが》める必要もないし、批判する必要もない。

皆様の過去もそうです。いじめられた。非難された。バカにされた。辱められた。それを握ったままで何になりますか？　また同じ苦しみを今日もつくり、明日もつくっていくだけで、進化創造はしていない。

そのエネルギーを未来に向けるのです。過去は過去として、今日一つ、いい言葉をかけてみる。その自分の選択で未来は変わるのです。

皆様も、言葉で随分傷ついてきたことでしょう。非難、批判、評価、それらは全部言葉です。言葉は生きている。言葉は創造する力を持つ。言葉は人をひきつける。言葉は人を突き動かす。言葉は影響力を持つ。言葉は伝染する。そして、言葉によって幸運、不運が引き寄せられる。全人類は言葉を自由に選択し、用いることが出来る。でも、神性復活した人は悪い言葉を発しない。非難、批判、批評を相手に突きつけない。

人は言葉によって生かされ、言葉によって殺されるのです。大丈夫よ、一緒にやりましょう。世界人類が平和でありますように。この言葉によって神性がほとばしる。人は言葉によって救われる。

人は言葉によって健康、そして病気をつくり出す。どんな言葉を選ぶかです。言葉によって平和を築くことが出来るが、言葉によって戦争をつくり出すことも出来る。これも事実です。しかし、誰も自分の責任とは思っていない。自分に世の中を変えられるとは思っていない。待ちの体制です。

脱原発はそれなりに多くの方が唱えていますが、総じて私たちもまだ弱いのです。かつて電力の供給が停止した時、私たちは助け合って却《かえ》って絆が強くなった。一人一人が質実剛健《しつじつごうけん》の生き方をすれば、それだけで平和が取り戻せるのです。そして、選ぶ言葉によって、語る言葉によって想像以上の世界が繰り広げられる。今から家族を変えることが出来る。今から世の中を変えることが出来る。今から戦争をなくすこと、今から原発をなくすことが出来るのです。

一つ一つ、言葉を選んでいきましょう。言葉を発する前に呼吸をして、いい言葉、励ます言葉だけを語るのです。言葉は即ち生命なり。言葉は即ちエネルギーなり。言葉は即ち力なり。言葉は即ち光なり。言葉は即ち真理なり。今、神性と共鳴する言葉を語れば未来は変わるのです。もう過去にエネルギーを注ぐことはない。過去は赦されているのです。あとは自分で過去を赦すのみです。人が赦すのを待っているわけではない。世界が赦すのを待っているわけではない。自分が把われていただけなのです。

過去を手放すための方法

先ほど「どんなことをしても、過去は取り戻せません」と申し上げましたが、さまざまな人に神性と共鳴する言葉をかけてあげれば、過去は消えてゆきます。

なぜならすべてエネルギーですから。

鉛筆で書いた間違った言葉は消しゴムで消せます。刺繍《ししゅう》を間違えたらそれを外して新しく刺し直せます。過去の記憶は何で直せますか？　他人にいい言葉を発し、自分自身に「神性なのよ、もう過去はないのよ」と言い聞かせることによって、まず自らの習慣が変わります。自分が習慣を変えなければ、周りは変わりません。夫が変わったら自分が変わるなんてとんでもない話です。夫は何をしようが自由です。相手の神性復活を待つのではない。神性復活をしない人は結局、自分の言葉の暴力が自分に返ってくるだけです。

ですから他人のせいで自分が傷つけられた、それは真理ではない。人生とは自分の意識によって創造していくものです。他人を変えるためにはまず自分が変わることです。嫌な夫に有難うと言う、嫌な妻や子どもにも思いやりの言葉をかける。これが自分の過去も相手の過去も消す神性なる選択です。神性復活へ導くための選択なのです。

人間は何のために生きているのでしょうか。神性復活するためです。遺伝子をオンにするためです。

不可能を可能にする力をオンにするのです。そのためには、やる前から「出来ない」と思わずに、試してみることです。小さな一歩を踏み出すことです。人は必ず見ています。神様が見ているのです。陰で一生懸命やっていれば、想像もつかないポジション、想像もつかない仕事がもたらされ、自分も他人も幸せになっていく。

その選択をするのは、今の自分です。

第2章

一人一人は無限なる叡智を宿している

自己を見つめる

（『次元上昇——地球の進化と人類の選択』）

個の時代の生き方

個の時代、個の確立の時代とは、わたくしが私に語りかけ、私がわたくしに答える時代です。自分自身の中よりあらゆる疑問、質問、問題が噴出した時、その的確な答えは自らの内に在るのです。自らがその答えを引き出し、自らに与えることです。

本来の私は、今現在の私のすべてを知り尽くしています。私の中に無限なる叡智が宿っていることを私自身は知っています。無限なる愛、無限なる癒しが内在していることを当然の如く気づいています。

自らの問いに対する答えは、他人を通してではありません。他人の中にはありません。あくまでも自らの内に在るのです。それを真実に理解できた人は、個の生き方に到達した人と言えます。人はどう思うか、人は何を選択するか等々、世間の常識、余計な知識から全く離れた完璧なる答え、それは、自らの内から突き上げてくる無限なる直観、無限なる叡智に他なりません。これこそが唯一絶対なる答えであり、わたくしが私に語りかけ、私がわたくしに答えるという個の生き方そのものです。他人には決して答えられないのです。なぜなら自分と他人とは決して同じ道、同じ人生ではないからです。

また、もし仮に自分の内から真実、自分が思うこと、欲することに対する答えが見出せなかった時でさえも、何も心配し怖れることは決してないのです。それは未だ時熟さず、だからです。まだ間があるからです。

それでも、その答えが今緊急に必要になった時、それは必ず内より起こります。

もしくは他から自分自身に対して役立つ情報が必ずやってきます。だが、それでさえも他からの直接の答えではありません。他の解釈を通して直接自分に伝えられてくるものを自分の心の中で一旦、じっくり煮詰め直し、自分の心に納めるのです。そしてしばらく経って、自分の心の中から自分のしっかりした思考として、自分によみがえってくるのです。それらは自分の答えとして引き出されます。

本来、人間は誰でも内に無限なる叡智が宿っているものです。その無限なる叡智を自らの意識によって呼び覚ますことで、他の誰にもない自分自身の本当の答えが引き出されてくるのです。本来、自分と同じ人は、この世の中、いかに広しと言えど、絶対に存在しないのです。故に同じ答えは無いのです。

本来の自分との出会い

皆、本来の自分というものを錯覚しているのです。ふだん、自分と思っている自分とは、自分の意識が人工的に創り上げてしまっているものであって、本来の自分そのものではありません。生まれた瞬間から自分を取り巻くあらゆる人々

（両親、兄弟姉妹、先生、友人知人……）によって、彼らを通しての、そして彼らが感じたものを通しての自分というものを聞かされ、そのように育まれ、導かれ、教えられたのです。自分自身が本来、感じるところの本当の自分に出会う以前に、すでに周りの人々から人工的に創り上げられていってしまった自分なのです。その自分を本来の自分と思い込み、信じているのです。

怒っている私が、じっと心を澄ますと、何事においても動じないゆったりと澄み清まっている私に出会います。悲しんでいる私がじっと心を澄ますと、何事においても、一切明るく受容できる私に出会います。恐怖におののいている私がじっくり心を澄ますと、平安で自信に満ち溢れている私に出会います。その時、私は私の中に神を見るのです。私は神そのものなのです。我即神也の真理に心の底から納得がゆくのです。理解できるのです。

自分の中に神を見出してこそ

今までの私は、他の人の中に神を見、それを信じ、その神を通して自分自身を安心へと導き、納得させていたのです。神を外に見たのです。神を自分以外に、例えば、イエス、釈迦、聖者賢者、偉大なことを成し遂げた人、人類の犠牲になった人、死んで神に祭られた人、先祖……等の中に神を認め、それを絶対なる神と信じていたのです。彼らの中の神々が自分たちを救ってくれていると信じていたのです。彼らの中の神を認め信じ、彼らが語る真理の言葉、表わす行為を通して、彼らによって教え導かれ、今日にまで至っていたのです。

そのような低次元の段階においては、私が自分の中に神を見出すことなど、到底考えも及ばなかったのです。自らの内にある力を信じることが出来ずに、かつまた自らが自らを余りにも低いレベルに置くことによって、自らの権能を他の聖者賢者に与えることによって、自らを導いてもらっていたのです。

しかし、いつまでもそんなことを繰り返していたのでは、自分の人生は始まりません。何も事は起こりません。このような低次元レベルから上昇してゆかねばならないのです。

わずか数人の聖者、賢者の教えに今なお、数億の人々が従い導かれ、コントロールされているのです。そのうちのどれだけの人々が真理に目覚めてゆくことでしょうか。地球そのものの次元が高まり、ヴァイブレーションが微妙になってゆくその時に、未だなお、かつての修行のやり方、真理を学んだとて何になりましょう。その時代、その時代に即して真理への道、方法が違ってきて当然であります。

　未だに自らの内にある本来の自分、自らの内にあるもう一人の自分を見出せず、自分の心を魂を、他の人の中の神に向け、他の神々に解決策を、援助を、救いを、願望成就を懇願して何になりましょう。

　これもかつては当然の行為だったのです。人類が等しく他の人（イエス、釈迦、聖者賢者……）の中に神を見出す時、その人々は我々より先輩だったからです。彼らは、もうすでに自分の内に神を見出し、神を顕した人々であったのです。彼らが余りにも光り輝き、余りにも立派で、余りにも神々《こうごう》しく、余りにも神のようであったので、人類の多くは彼らに傾倒し、彼らに神を見出したのであります。

　だがしかし、いつまでも彼らの中に神を見出し、それに従っていたのでは自分自身の内なる神は一体、どうなってしまうのでしょうか。永遠に見出せぬままに終わってしまうのでしょうか？　その通りです。人類すべての人々が自分自身の内に神を見出すまで、神と出会う時まで輪廻転生は続くのです。見出せぬ人々は見出せるまで限りなく輪廻転生が続いてゆくのです。

すでに自らの内なる神と出会えた人、本来の自分に対面できた人、我即神也の究極の真理に気づき、自分が神そのものであることに目覚めた人は、その瞬間から過去世は全く消え去ってしまいます。もちろん、輪廻転生など起こり得るはずもないのです。

自らが自らを神と認めた瞬間、神と成るのです。人類は何生も繰り返し繰り返しさ迷い苦しみ、嘆き悲しみ、傷つき、疲労困憊《こんぱい》、自分に自信を失い、そうしながら自分の中の本来の自分と出会ってゆくのです。本来の自分、愛深いもう一人の自分、真理の人であるもう一人の自分、無限なる能力をもったもう一人の自分を発見してゆくのであります。それは、あくまでも自分が自分自身を見つめることから始まるのです。

自分を見つめることから始まる

祈りの同志は、いつの間にか皆がみな、一斉に自分を見つめ始めたのです。何も難しいことなど何一つせずに、会の流れに身を任せているうちに、会の方針に沿って、会の目標に向かって歩むうちに、誰も彼もが一斉に自分と対面するようになったのです。

祈りの同志は、自分たちの先輩として、人類の先達者として五井先生の中に神を見出し、五井先生のみ教えを信じ、今まで世界平和の祈りを祈りつづけてきましたが、次のステップとして、五井先生自身が五井先生の中の神と出会い、その結果、神を顕されたように(自叙伝『天と地をつなぐ者』参照)[注10]、いよいよ自分たちの中においても、それが起きようとしているのです。五井先生と全く同じように、自分自身の中に神を見出し、本来の自分と対面するのです。その結果、自分そのものが尊い、神々《こうごう》しい、慈愛深い神そのものだったことを知るに至るのです。

どんなに自分が人を恨んでも、自分が欠点だらけであっても、不調和であっても、不完全であっても、かつまたどんなに人に嫉妬しても、人を突き落としても、人を罵《ののし》り、嘘をついたとしても、本来の自分は前生の因縁（消えてゆく姿）の自分を大きく赦し、抱擁し、慈愛をもって受容することが出来るのです。

自分を見つめ始めた時、〝これはいけないことである。赦さなくてはいけないことである。消えてゆく姿である。過去世の因縁である。自分を責めても始まらない。自分を裁いても傷つくばかりである〟と気づくのです。そして〝自分を赦そう、愛そう。そのためには、祈ろう、祈りで消していただこう〟と思い、世界平和の祈りの中に自分のすべての不平不満、至らない自分、傷つける自分、蔑《さげす》む自分、自信のない自分を投げ入れ、〝もう決して同じことをすまい、繰り返すまい〟と自分に誓う時、そこで、もう一人の自分、本心の自分に出会ったのです。自分の中に神を見たのです。神に気がついたのです。

どんなひどい自分でさえも、その自分を赦そうとする自分がそこに居るではありませんか。自分を愛し、人を愛そうとする自分がそこに存在しているではありませんか。憎むばかりの自分、欲望、エゴのみに走る自分、人を痛めつけ傷つけるばかりの自分だけではなく、それらに対してたしなめる自分、努力する自分、反省する自分が同時に存在し、憐《あわ》れみと慈しみをもって大きく受容する自分がいることを発見してゆくのです。それが本来の自分、神そのものである自分なのです。

我即神也[注11]の宣言文通りの自分が当然の如くそこにいるのです。存在しているのです。その自分に今までの自分は気がつかなかっただけです。見過ごしてしまっていただけのことです。

自分を見つめる勇気こそ大切

自分が自分を見つめようとする時、見つめたいと思い始めた時、その時こそ我即神也に目覚める瞬間です。

多くの人々は未だその段階にまでは達していません。未だ自分そのものに対しては全く後回しで、目をキョロキョロさせながら自分の外に、自分の周りに一生懸命アンテナを張り巡らし、自分の利害損得のみの情報を取り入れ、いかに苦労せずに、努力せずに、忍耐せずに安易に人生をわたってゆくかを追求する低次元レベルの生き方なのです。

自分を見つめる。自分と出会う。自分を知る。これこそ昔から言われている通り、〝汝自身を知れ〟です。その答えは即ち〝汝自身即神也〟であり、ひいては〝人即神也〟に至ります。

人類がその究極の真理を真に理解でき、判るまで、輪廻転生のカルマに翻弄されつづけてゆくのです。それを絶《た》つ方法こそ〝我即神也〟そのものです。その宣言と印[注12]です。我即神也を宣言し、印を組むことによって、天に刻印されるのです。天に自らの意志を伝えるのです。天に証明するのです。

私は神である、神そのものであることがはっきり判ったのです。今までの自分は、因縁そのものの自分を自分であると認めてしまっていました。カルマに翻弄されつづけていた自分を自分であると信じて疑いませんでした。そのため、自分を憎み、自分を裁き、自分を傷つけ、自分を愛し、赦すことが出来ませんでした。他人をごまかせても自分自身を到底ごまかすことの出来ない自分が苦しく耐えられませんでした。その自分の業を、罪をどうにかしようと、またさらに自分の至らなさを責めつづけ、自分を傷つける、その繰り返しでした。

だが、五井先生のみ教えに出会い、自分の醜さ、自分の不完全さ、自分の欲望の激しさに翻弄されつづけていた自分が本来の自分ではなかったことに初めて気づいたのです。自分を見つめることによって救われてゆくのです。

自分を本当に見つめることは、最初はとても辛いものです。恐ろしいものです。恥ずかしいものです。弱気になり、逃げ出したい気持ちで一杯になります。

だがしかし、本物の自分、真理そのものの自分になるためには、自分の弱点、欠点、汚点を見つめる勇気こそ大切なことであり、それよりも何よりも本来の自分と出会える絶好のチャンスなのです。

そのためには勇気がいるのです。逃げずに前に一歩踏み出すことです。それが出来る人、出来た人は本来の自分に出会えるのです。自分が信じられるようになるのです。自分というものの本質が判るのです。

〝汝自身を知れ〟の問いに即答できるのです。

〃汝自身を知れ〃の答えは〃汝自身即神也〃イコール〃我即神也〃イコール〃人類即神也〃[注13]なのです。そこに至るのです。

まず自分を信じ愛し赦す

人間は自分自身を無条件で信じ愛せるようにならなくては本物ではありません。自分自身を憎み、自分自身の欠点を見つづけ、自分自身の不完全さにいらだつようでは決して幸せな人生が訪れるはずはないのです。たとえ人のために祈り、人の犠牲となり、人のために尽くしたとしても、自分を赦せぬようでは根本的に自分の人生が改善されるはずはありません。人類一人一人が、まず自分自身を愛し赦し信じられるようにならなければならないのです。自分を愛せず自分を赦せず自分を信じられないからこそ、人を愛せないし、人を赦せないし、人を信じられないのです。その結果、人との対立が始まり、常に自分と人を比べてしまうのです。

人と比べてはなおさら自分の弱点、欠点が目立ち、その結果、自分を反省し努力し励まし、自分自身をより高く磨き上げる代わりに、人に対して憎み、嫉妬し、戦いを挑《いど》んでゆくのです。それをする度に、ますます自分が惨めになり、自分が苦しみ、自分が傷つくことも百も承知の上、同じことを何度も何度も繰り返すのです。

その業因縁から抜け出すためには、まず自分自身を信じなければならないのです。自分自身を愛さなければならないのです。自分自身を赦さなければならないのです。

その方法が五井先生のみ教え〝消えてゆく姿で世界平和の祈り〟[注3]であります。このみ教えを繰り返し繰り返し実践してゆくうちに、自分の本心が自然に顕れ始めてゆくのです。

自分が信じられない人ほど気の毒で哀れな人はいません。ましてや自分の存在そのものさえ否定しつづける人ほど救われ難き人はいないのです。

こういった人々の魂が今生に降り来《きた》って民族紛争、宗教闘争、戦争などを引き起こすのです。自分の存在を否定する余りに自分そのものを抹殺するのに相応しい場、状況を選ぶのです。民族の誇りを勝ち取るため、神の名においてわが祖国のため、などと称して、テロ行為に走りますが、大義名分の裏に隠された卑小さが窺《うかが》い知れるのです。もともと自分を否定しつづけている人たちですから、自分を早く今生から抹殺したい願望にかられ、自分の生命を消すのは少しも怖くないのです。しかもまかり間違えば英雄にもなりかねないのです。他に先駆けて敵の陣地に真っ先に踊り入って生命を落とす。これこそ一番英雄気取りで自分を抹殺できるのです。こういう魂が集まって戦争などを引き起こしているのです。

自分が与えるものは自分に戻ってくる

人類一人一人はすべて、自分の人生を自分自身の想念で築き上げているのです。自分の想念波動が自分の現実を創り出しているのです。

自分の想念波動が世界平和の祈りであり、我即神也、人類即神也の宣言であり、印であると、自分の上に無限なる繁栄そのものしか現実化しないのです。仮に否定的想念、暗黒思想を発したとしても、光明なる想念や言葉で、それらの否定的想念、暗黒思想を消し、浄めている限り、自らの人生に何ら否定的な現実を引き起こすわけがないのです。

〝自分が与えるものが自分に戻ってくる〟のが、宇宙の法則です。

人類はこの法則からいくと、何をさておいてもまず、人類のために、または人のために自分を捧げ、祈る以外にないということが判ってきます。人のために尽くすこと、人のために生きること、人のために努力を惜しまぬこと、人のために働くこと、人のために自分の時間を割くこと……それらの結果は、すべて自分のためになることとです。自分がますます幸せに平安に導かれてゆくのです。無限なる発展へと展開してゆくのです。すべては自分の望んだ通りに運ばれてゆくのです。

こんな素晴らしい人生を歩んでいると、自分自身がいかに崇高な魂の持ち主であったかに気づくのです。自分が霊性高く立派であり真理が理解できたが故に、このような輝かしい道を歩んでゆけることが出来るのです。

我即神也へ至るプロセス

自分の望まないこと、願わないことは、宇宙の法則によって、自分の人生に引きつけるはずはないのです。だが、真理を知らない多くの人たちは皆、揃って、自分の人生に自分が望まないこと、願わないことが次々と引き起こされ、嘆き悲しんでいるのです。不幸、挫折、病気、事故……。

これは一体どうしたことなのでしょう。なぜ自分が望みもしないのに、願いもしないのに次々と悪い出来事、不幸な出来事、災難、困難が起こるのでしょうか。それこそ答えは唯一つです。〝我即神也〟に至るプロセスです。それらの体験を通して、自らの内なる力を呼び覚まし、自らの神性に気づいてゆくのです。人類一人一人が自らの体験、経験を通し、はっきりと目覚めてゆくためのプロセスなのであります。

だが、いつまでも自分に内在する無限なる能力、無限なる叡智に目覚めることなく、人に頼り、外なる神に懇願し、自らの権能を他に与えていれば、不幸や苦悩は何度も何度も繰り返されるのです。たとえその時、その場の不幸や苦悩が一応解決されたように見えても、実際のところ何一つ解決されていないのです。ただただ自分の念の強さにより先延ばしにされているだけです。後回しになっているに過ぎないのです。表面的に解決されたように思えますが、何も変わってはいないのです。彼らは表面的に自分の難題、不幸、苦悩が消えて、これこそ天の神の為せるわざと思っていますが、実際に根本的な部分では解決されてはいないのです。なのにそれによって、さらに外なる神に対して絶対なる信仰を求めて祈りを深めてゆきますが、それもまた、究極の真理〝我即神也〟を顕すための、遠回りの道を歩んでいるプロセスなのであります。

人類一人一人はあくまでも自らの内に神を認め、神を顕してゆくことこそがわが天命であると、強く深く理解できた瞬間、あらゆる不幸、苦悩は消え去るのです。そして自らの内にある無限なる叡智によって、自らの無限なる幸せ、無限なる繁栄を築き上げてゆけるのです。

人類の大半は不幸や苦悩が多い人生を送っているように見えますが、それさえも、自らの内なる神性を見出すために自らが設計した人生であり、その設計通りの道を歩んでいるに過ぎないのです。すべては必ず〝我即神也〟に至るのです。その真理の道に至った人々が次々と神人[注14]となるのであります。

二十一世紀は神人が大いに活躍する時代となります。もはや不幸や苦悩などは消え失せ、幸せ、繁栄、喜びの世界、自由なる世界が展《ひら》けてゆくのです。

人類は宇宙神の光の一筋

（二〇一一年『白光』二月号）

あなたの背後に存在する光

人類は過去幾転生を経て、自らの魂を物質主義、科学万能、物質意識の中に埋没させてしまいました。そのため生死の恐怖はもとより種々さまざまな苦悩の幻影に脅かされ、未だ真の自由と幸福を得られないまま、因果律を繰り返しています。その間に人類は、宇宙真理より逸脱し、自分が真に何者であるかを忘れ果ててしまいました。が、人類はみな等しく自らが聖なる存在、宇宙神の光の一筋であることを深く自覚して生きなければならないのです。

あなたが怒り、憎しみ、嫉妬、自己否定等によって苦しんでいる時、そのあなたの否定的な感情想念の背後では常に守護霊[注15]・守護神が見守り導いておられ、それらの想念を浄めてくださっていることを忘れてはならないのです。あなたが選択、決断、決定を下すことに迷っている時、そのあなたの意志の背後には常に宇宙神の光の一筋が降り注ぎ、あなたは常にその光の一筋と一体であり、聖なる存在そのものであるということを忘れてはならないのです。あなたが高い志を持ち、それを実行しようと決意するが、自分の能力に不安を感じている時、そのあなたの背後では常に輝かしい無限なる能力が出番を待っていることに気づかねばならないのです。あなたが理性を失っている時、そのあなたの理性の背後には常に真の理性、神の理性が横たわっていることを思い出さなければならないのです。

このように、あなたの肉体身の背後には常に守護霊・守護神がおられ、あなたの運命を導き見守っていることを、改めて強く強く認識しなければなりません。さらには、あなた自身が宇宙神の光の一筋であり、聖なる存在そのものであることを、漠然としてではなくはっきりと自覚しなければならないのです。そのためには物質世界にうずもれてしまった自らの肉体感情想念を鎮《おさ》めることが重要です。そして常に自らの背後に存在している大いなるものに意識を集中し、感謝を捧げるべきなのです。それらの行為によって大いなる神の加護は絶対なるものになります。

今もなお、人類の心は常に外へ外へと向けられており、自らの内面的な道に入ってゆくことを怠《おこた》ってしまっています。内面的な道に入るということは、常に自らの神を意識し、人類のために役立つ道を志すことです。あくまでも人類一人一人が自己の神性を取り戻し、目覚めていかなければ、この地球も世界も破壊への道を辿りつづけるより他ないのです。

超意識が感知した宇宙神

人類には宇宙神の全容を把えることはまだ出来ないでしょう。宇宙神は余りにも無限で余りにも膨大すぎて、把えどころがないからです。が、過去そして現在も、宇宙神を感じることが出来る人は存在していました。イエスや仏陀や聖者賢者と言われる方々です。

私は昨年と今年に入って少しずつ、宇宙子科学[注16]の交流を通して多次元世界へと移行することに慣れてきました。そして新たなる経験を積むたびに、それらが私のゆるぎなき自信、確信へとつながり、私をさらなる高みに導いてゆくのでした。私は瞑想に入り、次々と次元上昇を遂げてゆきます。その際、無限なる神々の存在が、有限の三次元世界にて感じていた時よりも、もっともっと強烈にじかに私に迫ってきました。それは私の超意識（私の魂の意識状態が全く神と一体であり、無限なる直観力を通して全知を感じる状態）の心がさらに深く直接的に認知できたのです。この衝撃的な体験を通して、今まで西園寺昌美と思っていたものは、すべて真の自分ではなく、この時の自分は、今まで思っていたそれらの自分を超えた、聖なる存在であることを改めて発見したのでした。

今の自分は肉体でもなく感情でもなく理性でもなく心でもありません。しかも瞑想に入った時にはしていたはずの呼吸すらしていないのです。そこに存在する自分は以前の自分と全く異なった、透明で聖《きよ》らかで全知に輝いた存在でした。

その時、私はこの自分の体験を通して、人類の心を通常の抑圧された状態から超意識状態にまで高め上げ、拡大させることによって、誰でも自らの神を直接に感じることが可能であることを発見したのでした。私はこの時改めて、人類が神を知るために、またはせめて人類に神をじかに感じていただくためには、呼吸法[注17]や印がいかに重要であるかを確信しました。その点、神人はもうすでに超意識の域へ入りこもうとしている段階であることにも気づいたのでした。

引きつづき宇宙子科学の天命完うための働きをしていた矢先、そして私の意識が超意識状態にまで拡大していった瞬間、同時に私自身の内なる真理の本源に達していました。その時、全く予想だにしていなかった宇宙神の大いなる天地創造のお働きが私の直観を刺激しました。宇宙神がご自分の意識を凝縮させ万物を創造したプロセスそのものが私に感じられたのです。

私は未だ完璧に宇宙神の意志を把えることは出来ません。ですが、その偉大なる意志の何億分、何兆分の一かを感じることは出来ていました。宇宙神が創造された万物の中で、人類は宇宙神の光の一筋として最も複雑で精妙なるものとして形造られました。このことは、例えばヒトｉＰＳ細胞（人工多能性幹細胞）の一つをとっても神の無限なる能力が遺伝子にすべて組み込まれていることが判るのですが、私はこの天命を通して、神々の働きの一端を伺い知ることも出来るのです。この訓練を通して判ってくることは、我々の想念は宇宙を創造している神の想念から直接来ているということです。ごくごく小規模においてではありますが、人類一人一人の想念は宇宙神の想念の無限なる能力と全く等しいものなのです。質的には、宇宙神と全く同じ働きをするものなのです。私が説くところの〝人類即神也〟の真理そのものなのであります。故に究極の真理〝我即神也〟に目覚めた神人たちは、自分たちの健康や幸せ、成功その他の希望や願望を、必ず成就できるのです。しかもその信念や確信が強ければ強いほど、高ければ高いほど、自分はもとより他に多大なる影響力を及ぼし、その力を一〇〇パーセント発揮することが可能なのです。

そのため神人たちが同じような意識のもとに総結集して祈ることにより、それは強力な働きとなって、自分たちの家族や地域、社会はもとより国や全世界を巻き込んでの意識改革がなされてゆくのです。

このようにして宇宙神は、神人たちにご自分の意志や想念、能力を託し、世界人類の平和遂行のための計画を営んでいるのです。が、神人によっては真理を知識や頭で理解できても、未だ真の体験や信念を持つまでには至らず、大変残念なことながら、宇宙神と全く同じ意志の力、創造の力を二〇～三〇パーセント程度の、ごくごく弱い未熟なレベルにおいてしか発揮できないでいます。全く惜しいことです。が、それでもなお、世界総人口の中から宇宙神に選ばれ、決定され、世界人類救済の大プロジェクトに組み入れられた尊い存在なのです。そのこと自体に対し胸を張り、自らを光栄と思い、一生懸命祈り、印に励み、精進してゆくことが望まれます。

万物の霊長としての誇りを持て

宇宙神は自らの創造活動を具象化するにあたり、まず宇宙神そのものの無限なる創造エネルギーの一端である意志のヴァイブレーションを万物の姿に投影し、次のステップとして次元を降下させ、光の波動によって幽体をつくり、さらにそれを物質に投下させるため原子構造をつくられました。そのため万物の霊長でもある人類こそが、宇宙神の最初の意志のエネルギーが投影されて宇宙神に似せられ形造られた〝人類即神也〟なのです。

我々はその真の成り立ちを自らの魂に、遺伝子に刻印されているのです。にもかかわらず、こんなにも尊く神と同じエネルギーで造られし自分自身を卑下し、自らを戒《いまし》め、自らを否定するとは〝何ごとぞ〟と私は声を大にして叫びたくなるのです。いつまで人類は目覚めないままでいるのでしょうか。自らを尊び、自らを敬い、自らに誇りを感じてこその人類ではないのでしょうか。そして畏れ多くもったいなくも、生きとし生ける万物を代表しての人類の存在ではないのでしょうか。神はそれを人類に託しているのです。

現在まで人類が為しつづけてきた行為そのものは、万物にも劣る低次元意識レベルの所業《しょぎょう》と言えるでしょう。動物でさえ、本来同じ種のものは殺し合わないというのに、万物の象徴でもある人間同士が闘い、争い、殺し合うとは……。全く情けないことです。人類一人一人の飽くなき欲望こそが、この地球上に天変地変を生じさせているという事実に未だ気づかないとでも言うのでしょうか。

人類が今なお次々と生み出す飽くなき欲望、業想念波動には際限がありません。有限なる物質を自分が、自国が所有せんがため、お互いがお互いを憎しみ合い、殺し合い、報復し合い、ましてや戦争から吐き出されてゆく邪悪な業想念波動は、人類はもとより大自然の大気に変化を与え、動植物間の調和を乱し、ついには動物にも植物にも鳥にも昆虫類にも大被害を及ぼし、ひいてはウイルス、細菌に至るまで異常増殖、繁殖が年々繰り返され、最終的はその行為が人類に戻ってくるのです。

人類一人一人はもはや一刻の猶予もなりません。未だ低次元意識レベルの人々は、次々と取り残されてゆくことでしょう。大自然の変化に巻き込まれてゆくことでしょう。なぜなら大自然破壊の波長と低次元想念意識レベルの波長とは同調するからです。それは神のせいでも誰のせいでもありません。自己責任です。自らの想念のなせる業であることを認めざるを得ない時が来るのです。そこまでに至る前に自らの目覚め、気づきが必要なのです。

無知の報いを受ける前に

もう自分の欲望に振り回されず神に意識を向けるべき時です。内なる神意識に……。

人類は長い間神から与えられし自由意志を誤用してきました。それがあらゆる苦悩の原因となってゆくことも知らずに……。

ただただ真理に無知であるがゆえに……。

ついには、人類は自らがつくった過酷な状況から逃れたいと叫んでいます……。

自らの意識で自らの首をしめてしまっていることに最後まで気づかずに、無知そのものでいた責任を取る時が来るのです……。

低次元意識レベルの人類が今日まで為しつづけてきた自由意志の乱用。あとになって恐るべき結果がもたらされるというのに、そのことには全く無頓着で、しかも自己責任によってそれらを受け取らねばならない時が来ることも知らずに……。

神は未だ人類の過ちを黙して見過ごされています。未だ人類一人一人に自己責任を負わせるべき時を遅らせているのです。

ですが、神のご愛念、ご意志に甘えている場合ではありません。

そのあと何十年も後になってから思い知らされる前に。子孫の代にまでその償いが及ぼされる前に……。

人類よ、一刻も早く真理に目覚める時が来ています。人類一人一人が自己責任を取る時が……。

が、最終的には心配することはありません。不安、恐怖することもありません。

そうならないよう宇宙神は二十二年前、その日のためにこの地球上に神人という崇高なミッションを遂行すべき人々をつくり出すことを計画しておられたのです。

偉大なる魂たちで築き上げられた神人群団が毎日、毎分、毎瞬、世界のどこかで必ず世界平和の祈り、我即神也、人類即神也の究極の真理の印、[注18]地球世界感謝行、光明思想徹底行、[注4]マンダラ、[注19]世界各国の平和の祈りを行なっています。この神人群団によって人類の破滅は抑えられています。大自然の驚異も、動物の怒りも、昆虫の未曾有《みぞう》の繁殖も、ウイルス、細菌の蔓延《まんえん》も抑えられているのです。

宇宙神は人類に大いなる希望を抱いています。ますます神人が地上に誕生することを……。世界各国各地で神人群団の働きが展開されてゆくことを……。

それこそが地球を破壊することから防ぐため、人類を破滅することから守るためのご計画なのです。

宇宙神の真理の一節が私の心に響いてきます。

〟地球人類よ　目覚めよ
心して目覚めよ
汝らは聖なる人々である
宇宙神の光の一筋そのものである
宇宙神の無限能力、可能性、叡智、直観力が内在しているのである

ゆえに
汝らが真に究極の真理に目覚めた時
他のいかなるものにも依存する必要はない
外なる神にも宗教にも物質にも

すべては自らの内にある
それを自覚し信じ実行に移すことにより
汝らの希望はすべて成就されるのである
世界平和樹立のために立ちあがるのだ〟

この究極の真理を人類に知らせること――これは、人類に真の自己を自覚させ、内なる神を経験させるために重要なメッセージなのです。

その内なる神を経験したいと真剣に求める人々は、あなた方の身近にすでに存在しているといいます。彼らは欲望達成のために神を求めているのでは決してありません。もはや聖典や教義や説教だけでは満足できない、魂レベルの高い人たちです。そうした真剣に神を求める人々に究極の真理を伝えることは、世界平和達成のための近道なのです。

神人としてのあなた方は、究極の真理の教えが単なる頭の中の理解ではなく、体験による自信となりつつあります。特に神人としてのあなた方の言葉、想念、行為を通して、人々に「吾は神を見たる」と思わず思わせるほどの境地に達するほど、神人レベルも上がってきました。さらに自らを磨き高め上げて、体験を重ねてゆくことが必要なのです。

神人は自らの言動行為を通して真に自らが輝きを放ち、無私なる愛を人々に感じさせるほどにならなければ、究極の真理は伝わらないものです。

二〇一五年に向かって五井先生は、率先して神々とともに富士聖地にて大計画を実施されようとしておられます。この私もまたその日のために一人でも多くの真に内なる神を求めておられる方々を会員に迎え、神人誕生としての大いなるミッションを果たしていきたいと念願しております。世界を救うためには、この道しかないのです。

第3章

つながり合う世界
つながり合う意識

意識は現実を創造する力

（二〇一三年『白光』六月号）

意識はすべての人とつながっている

皆様は創造者です。皆様のみならず、人類一人残らず創造者です。ただ意識、想い、感情が違う創造者なのです。

今まで私は宗教として、「意識、感情が自分の人生を創っていくのですよ」と申し上げてきました。このことを、本日は宇宙子科学の視点から申し上げます。

私は専門家ではないため、科学の理論や用語はよく分かりませんが、宇宙子科学の交流をしているうちに、おぼろげながらもだんだん分かってきたことがあります。皆様、この肉体について想像してみてください——まず肉体があり、目があり、耳があります。その一つ一つのもっと奥深くへ入っていくと、すべて細胞、タンパク質で出来ています。一人の人間は、約六十兆の細胞から成ると言われていますが、その一つ一つの細胞は原子で構成されています。原子は素粒子の集まりです。そして光子なども存在します。そのようにとことんまでいくと……それでも物質です。ＤＮＡも物質ですし、素粒子も物質です。

しかし素粒子レベルで見ると全部つながっているのです。世界中つながっているし、宇宙空間にもつながっています。

そして、宇宙空間は宇宙子で満たされています。宇宙子とは何か。宇宙神そのもののひびきです。それは大自然であるし——ですから大自然そのもの、宇宙そのものを〝神〟の総称とする科学者もいます。そして神は何百個という宇宙そのものを、見事な法則のもと大調和させているのです。

要するに、この地上の存在は、素粒子や宇宙子のレベルで一つ一つ全部つながっているのです。世界中全部つながっており、意識も祈りも届くのです。しかし、想いが三次元の世界、空間、時間、物質に把われて、多くの人は分離を意識しているため、その通りの現実を作り出しているのです。

しかし、意識は創造する力です。意識は現実なのです。これをよく覚えていてください。意識は現実です。自分が思ったことは必ず現実に映されるのです。これは宇宙子科学で証明されつつあります。

思ったことは現実になる――私は普段、宗教として「想いはすべてこの世に映される」「自分の感情は必ず自分に返ってくる」「自分が激怒すれば激怒が返ってくる」とお話ししています。意識即創造力です。意識は創る力であり、自分が意識したものが現実に現われる。そして自分が創造したものは、必ず自分が体験することになるのです。自分が体験するためにそれを現わしたのです。ここが大事なところです。固定観念に縛られ、固定観念とつながっている科学者や物理学者は、このことがお分かりになってはいません。

感情が大事、意識が大事なのです。あなた方の意識は宇宙神そのものの意識の中に溶け込み、宇宙神の意識、この宇宙に満たされている意識と一つにつながり、そして大きく世の中を変えてゆく――一人一人はそのような創造者なのです。創造する力を自分で創り上げて、それを体験しているのです。

自分が創造したものは、必ず自分が体験する

〝つながっている〟という状況について、宗教的にお話しいたします。

皆様にも体験があるはずです。ある方に電話をしようと思った時に、相手からかかってくる。それはこちら側の〝電話をしたい〟という意識を相手がふとキャッチしたのです。こちら側が行動する以前に、意識が素粒子レベルでこの宇宙空間を伝って、相手に届いているのです。

皆様方は創造者です。しかし、多くの人は自分を創造者だとは思っていません。創造者イコール神様だと思っている。創造者イコール宇宙神、またはイエスや仏陀や五井先生といった方々が創造者で、その方々に対して自分は普通の肉体人間だと思っている。それを傍観者というのです。ただ見ているだけ、言われたこと

をするだけ。意識の中では誰もが批判も喜びも歓喜も賛同も表わしているのに、自分から動こうとはしないのです。

しかし、神人は自分から動こうとしています。自分は世界を変えられると思っています。神人が思うことは地球のことのみ、人類の幸せのみ、人類の平和のみでしょう！　自分が思うこと、言っていることは必ず現実に現われます。そして必ず自分はそれを体験するのです。自分が創造者なのですから。

あなた方は人類の平和のみを発しつづけている、ですから素晴らしいことを体験するのです。素晴らしいことしか体験できないのです。

祈る者は、いかなるものからも侵されません。すべては完璧、欠けたるものなし、大成就と、意識してずっと唱えつづけているのですから、それは必ず現実に現われます。皆様は未来に大成就、すべては完璧を体験するのです。

祈り、言霊の積み重ねによって創造された現実

先ほど申し上げたように、この宇宙空間には宇宙子が遍満し、この空気中や大

地の中には酸素や窒素や炭素などさまざまな元素が含まれています。そして人間が死んだら肉体細胞は分解して土に還りますが、魂は永遠に神の世界に一体化します。魂は宇宙神の光の一筋であるからです。

宇宙神の光の一筋とは無限なる愛、無限なる健康、無限なる生命、無限なる光、無限なる可能性、無限なる能力、無限なる成功、無限なる供給、無限なる成就……そのすべてでしょう。皆様はそれを意識し、繰り返し光明の言霊を発しつづけたことによって、自分は本当にそうなのだと信ずるまでになったのです。

自分がそう意識しなければ我即神也という言葉は出てこないのです。全く新しい方だったら、我即神也というのは意味が分からず、言葉にも発せられないことでしょう。皆様は自分が我即神也であると意識しているから、我即神也という言葉が出てくるのです。すべては自分で創造した結果です。

意識は創造です。戦争をつくる人は戦争を意識しているのです。病気をつくる人は病気を意識しているのです。貧乏、飢餓をつくる人は貧乏、飢餓を無意識に意識してしまっているのです。それが成就しているのです。

私たちは、真理につながったことを幸せだと思わなくては。知らなければ、永遠に罪の子です。原罪を意識している以上、救われません。何百生と輪廻転生し、人のために尽くし、人のために自分の生命を捨てて救ったとしても、自分は救われないのです。なぜなら、自分を神とは思っていないからです。そういう方は、自分の信念の通り、自分は罪の存在なのです。本当は罪を犯していなくても、罪を犯したと自分で信じているのです。

人類は宇宙神の光の一筋であり、無限なるものすべてである。その光明思想に出会った皆様方は、願望成就のためではなく、欲望達成のためでもなく、真理そのもの、我即神也、人類即神也を唱えつづけ、信念しつづけました。そしてその通りに創造したのです。

私たちは一人一人が創造者です。私たちは宇宙神の光の一筋です。宇宙神そのものが創造者であるならば、私たちも創造者なのです。私たちは傍観者ではありません。受容者でもありません。創られる人でもありません。言いなりになる人でもないのです。自らが創っていくのです。世の中を変えていくのです。自分で自分の人生を変え、病気を癒していくのです。そのような創造者であるということです。

世界を変える創造者の働き

なぜ一触即発という状況が起こるのか。それは「不安」が潜んでいるからです。向こうがいつ攻撃してくるかもしれない。されたらどうしよう。それが国民全体に広がって、皆が「されたらどうしよう」「首脳部は何をしている、国民を守らないのか、何もしないのか」……こういう言葉のエネルギー、マイナスのエネルギーがマイナスの意識を増加させ、マイナスの現実を創り、その現実が創造された時にバーンと出てきます。それを抑えるのは祈りです。

人類を破壊するカルマを突破していくには、無心で祈りつづけること、無心で言霊を発しつづけることです。雑念が出ないためには呼吸法が一番です。

すべてはつながっているのです。先ほども申し上げたように、意識は素粒子レベルで伝わっているのです。意識が素粒子に影響を与えるのです。今までの物理学ではあり得ないことを、現代の物理学では証明しはじめています。ですから、私たちが実践している真理に科学は必ず付いてきて、それを証明してくれます。胸を張って堂々と生きてください。

すべては波動なのですから、あなた方の周りに全部届くのですから。物理学的に見て、波動というものはすごいのです。空間は全部波動です。

宇宙を形成するテクノロジー
——意識とDNAの関係

（二〇〇八年『白光』九月号）

意識は宇宙を形成するエネルギー

我々は誰もがこれまで、他人のことや世の中で起こるさまざまな出来事は、自分とは直接関係がないと信じて生きてきました。しかし、そのような生き方は間違っています。そのような考え方が多いから世の中は一つにまとまらないし、調和な世界を築くことが出来ないのです。そのような考えによって常に他との疎外感や孤独感を味わい、他人のことはもちろん、自分のことさえも分からなくなってしまうのです。

我々は、本来、日々瞬々刻々と宇宙を創造しているのであり、と同時に、生きとし生けるすべて一切のものと全く一つに固く結ばれ、共存共栄を果たしています。我々は、自らの人生そのものを経験する主体であるだけでなく、宇宙をも形成しているのです。なぜならば、我々の意識そのものが、我々一人一人の人生を創造しているものであり、かつまた宇宙を構成しているエネルギーでもあるからです。

〝宇宙における人類の役割とは何か〟という大きなテーマに対して、多くの人々はわかっておらず、科学者ですら理解に苦しんでいます。が、宇宙子科学では、我々人類の意識が宇宙を創造してゆく主要素であり、我々の意識そのものが、宇宙で重要な役割を果たしていると言っているのです。

そしてもちろん、人類一人一人もまた、自らの意識が創り出した世界に住んでいるのです。その我々の意識が創り出した世界とは、一体どういう世界でしょうか。それこそ戦争、殺戮、病、貧困、飢餓、差別、天変地異といった世界です。

そうなると、我々人類は今日までネガティブな世界を絶え間なく創造してきたことになります。しかもそれは我々自身一人一人の意識によって。

では、なぜ我々は、ポジティブな世界、平和、幸福、調和、共存共栄、至福といった世界を創造してこなかったのでしょうか。

“つながっている真実”を受け入れるべき時

二十世紀は科学の飛躍的な進歩に彩《いろど》られた世紀でした。量子理論をはじめ、DNAの二重螺旋モデル、遺伝子組み換え、臓器移植、核開発、宇宙への旅、マイクロコンピューター、ロボット、クローン生物……このように、科学の進歩は、人類に新たな可能性への道を開いてくれましたが、果たしてこれらの目覚ましい発展は、我々一人一人にとってどんな意味があったのでしょうか。

二十世紀における科学の発見は、まさに物質文明を築き上げてきた原点です。これにより、物質主義が人類全体に行き渡ってゆき、人類の間に著しい競争主義、二元対立がもたらされました。その結果、勝者―敗者、富者―貧者、優者―劣者、強者―弱者といった関係が生み出されていったのです。

と同時に物質文明は、人間の心と精神を置き去りにし、突っ走っていってしまいました。そのため人々は物質と精神のバランスを欠き、たとえ精神が善、愛、調和、共生、利他心に欠けていても、歪んでいても、間違っていたとしても、強い者、富める者、有利なる者がよしとされる時代が続いたのでした。そして、人類全体が支えてきた強者、勝者、富者の意識が、さらなる戦争、闘争、紛争、対立の世界を築き上げ、結果、人類の弱者、貧者、負者になお一層の貧困、飢餓、病をもたらしていったのです。

二十一世紀は、我々が過去に歩んできた道、容認してきた道、誤った道を振り返り、反省し、じっくり考え直してゆく時代なのです。そして今こそ、物質文明から精神文明へと、人類の意識が明け渡されてゆく時代でもあります。

先ほど、宇宙子科学においては、人類の意識そのものが、宇宙を構成するエネルギーとして直接、影響を及ぼしていることが明らかにされていると述べましたが、この真実を受け入れると、我々人類が宇宙に果たすべき役割は果てしなく大きく、その責任は果てしなく重いことがわかることでしょう。

今まで人類一人一人は、地球にあっても、世界にあっても、国にあっても、地域にあっても、自分の存在（意識）そのものは全く大したことがない。自分の存在そのものが他に影響を及ぼすことは全く有り得ない。仮にあったとしても、ほんの家族や友人、知人範囲に留まっている。このように、自分の意識は微々たるものである……という程度の認識しかしてきませんでした。が、その認識は全く違うのです。人類のほぼ全員がその程度の認識しかしていないのですから、戦争やテロ、環境汚染、その他、他国で生じた現象や事象は全く自分に関わる問題ではないと一笑に付しているのです。自分の国や場所や時間や状況から遠く離れていて、自分には一切関係ないと思い込んでいます。その思い込みこそが問題なのです。世界で起こること、地球に生じること、いや宇宙自体に人類一人一人の意識そのものが関わっていることを、心より知らなければならない時が来ているのです。

もうこれ以上、今までの生き方が許されるはずはありません。人類一人一人が心して取り組んでゆかないと、地球の未来、人類の未来は、予想もつかない方向へと導かれていってしまいます。この世に生ずるいかなることも、我々の目に見える現象も、見えない現象も、すべてはより大きな存在の一部として、お互いにつながっているのです。かつまた、一見別個に存在しているように見えるものも、実際はより深い現実の世界でしっかりつながっているのです。

遺伝子研究の大家、村上和雄先生によると、細胞は体のどの部分から採取したものであっても、髪の毛、爪、血液など、ほかの体の部分の遺伝情報すべてを含んでいるといいます。

宇宙の働き、宇宙の法則も全く肉体の法則と同じなのです。いや、宇宙の法則そのものが肉体に反映しているのです。かつまた宇宙とDNAもつながっているし、同時に、我々人間同士もお互いつながっているのです。このつながっているという意識が強ければ強いほど、宇宙とのつながりや人とのつながりも深くなります。この真実は、二十一世紀の人類の生き方を大きく変えてゆくのです。それこそ二十世紀はお互いが物質でのみ深くつながっていました。これからは、物質のつながりよりも精神のつながりがもっと重視されてゆくことでしょう。ゆえに世界は、人類は、破滅から救われてゆくのです。

が、これもあくまで人類一人一人の意識にかかっています。人類が限りなく究極の真理に神縁を得、自らの内に厳然と存在している神意識を呼び覚ましてゆくならば、人類の未来は憂《うれ》うべきことではなくなるのです。

原因不明の病気は意識で治る――ＤＮＡと意識のつながり

宇宙子科学によると、我々個々人の意識や感情は、直接自らの生きたＤＮＡに影響を与えているといいます。このことは、もう四十数年前から明らかにされていました。だからこそ、自らの意識、感情そのものが自らの人生を創造してゆくのだし、病気も創造していったのです。

個々人の感情そのものが、例えば病気になるのではないかという不安、恐怖、嫌悪感などを抱くと、それが人間の健康や免疫システムに影響を及ぼし、その意識した通りの症状や病気の状態をつくり出していくのです。このことは、以前から私が『白光』（白光真宏会の機関誌）にて何回も繰り返し述べてきたことですが、いかに自分の感情そのものが自らの肉体に、そして人生に大きな影響を及ぼしているかという事実です。

人類はみな、究極の真理を知らないがゆえに、意識と感情想念によって多くの新しい病気をつくり出してきたのであります。現在でも、医学者が首を傾げるほど不可解な病気が出現しており、その数何万とも言われています。しかも同じ症状の人々が増えつづけているといいます。医学では、そういう原因の解らない病気を難病と称していますが、その治療法は全く解明されていません。その場しのぎの対症療法が施されているのみといいます。ただただ痛みを取り除く、熱を下げる、腫れを鎮める、アレルギーを抑える、下痢を止める……といったふうに、薬により、原因不明の病気の症状を抑えているのです。

ではなぜ、こうした病気が次々につくり出されていったのでしょうか。それは、物質文明の急速な発達についてゆかれない人たちが大勢取り残されていったからなのです。

彼らは焦りを感じ、彼らなりに努力もしますが、それでもなかなか追いついてゆけません。そうした状況から、人類の意識はますます複雑となり、種々さまざまなストレスを抱えて生きていかざるを得なくなっているのです。そういった人々のマイナス意識が、自らの細胞を構成しているＤＮＡを、マイナス想念で次から次へと刺激しつづけるので、ＤＮＡはその結果、マイナスの症状をつくり出してゆくのです。

二十一世紀の世界にあって、神人は人類に先駆けて、人類を代表して、輝かしく生きる見本を世に示してゆくのです。

神人の意識は我即神也で貫き通されています。呼吸法を通した神行により、さらに究極の真理が全ＤＮＡに影響を与えつづけるので、その結果、もともと健康の方はますます生き生きと若々しく美しく健康に、病気の方々も免疫力や自然治癒力が高まり、病気は癒されてゆきます。すべての抑圧や緊張から解き放たれてゆきます。自らの体内にある生命物質が意識に反応し、どんどん高まってゆきます。かつまた、我々の身体のＤＮＡ同士がお互いに活発に交流し合い、眠っていたＤＮＡを目覚めさせてゆくのです。その目覚めたＤＮＡが自由自在に働きを極めてゆくのです。そうなれば、今までいかなる医療や薬でも治らなかった病気も、自らの意識のみで治ってゆくのです。そればかりではなく、人間の細胞・ＤＮＡは自らに内在せる眠れし細胞・ＤＮＡを刺激するばかりでなく、このＤＮＡは本来生命エネルギーであるから、当然、他の物質にも影響を及ぼしていくのです。

ということは、宇宙、地球、世界、人類の一部である人類一人一人は、確かに周りの世界に直接影響を及ぼす偉大なる存在なのです。逆に言えば、人類一人一人の存在こそが地球を、宇宙を維持しつづけている物質なのです。

世界を変える〝内なるテクノロジー〟――意識と呼吸法がＤＮＡを覚醒させる

人類は、宇宙や地球にとって取るに足らない存在では全くありません。人類の存在なくば、地球も宇宙も存続し得ないのです。それこそ人類の意識、感情想念エネルギーの働きそのものこそが本命なのです。その人類一人一人の本命の働きが、意識です。その意識が誤っていれば、地球の存続はあり得ないのです。

宇宙を形成するテクノロジー
意識とDNAの関係

現在、宇宙、地球の運行、法則を維持し支えているのは、神人をはじめ、そうした真理に目覚めた人たちです。彼らのポジティブな意識エネルギー、宇宙究極の真理のエネルギーこそが、本命の意識エネルギーなのです。この人類個々人の意識エネルギーは、DNAを完璧に取り囲み、生命と物質のつながりを極め、橋渡しをしているのであります。

個々人のDNAの働きを活性化させ、眠れるDNAを目覚めさせるための方法が、神人たちの深い呼吸法であります。なぜ深い呼吸法が重要なのでしょうか。この深い呼吸法を行なわせしめ、印を組む原点に、意識そのものが関わってくるからです。この人間の意識こそがすべての創造元なのです。

宇宙法則＝《イコール》意識にかなった深い呼吸法は、世界を変えうる内なるテクノロジーです。そのように言える第一の理由は、富士聖地にて平和のひびきを世界に発信しつづけていること。第二の理由は、個々人が組む印そのものが自らの肉体を超えて、さらに時間、空間を超えて、世界人類一人一人のDNAに働きかけ、究極の真理に目覚めさせることが出来ることです。それこそが〝人類即神也〟の究極の真理そのものであります。本来、遺伝子に擦り込まれている究極の真理の情報は、眠っているか、または日頃のネガティブな想念カルマによって覆われ隠されてしまって、表に出ていない状態です。要するに、本来太陽はいついかなる時も存在しているにもかかわらず、厚い黒雲に隠されて、あたかも存在しないかのように感じられるのと同様なのです。

究極的には、いかなる人も、それが善人であれ、悪人（悪人は本来存在しないのですが）であれ、聖人であれ、凡人であれ、科学者であれ、政治家であれ、個々人の意識がＤＮＡに影響を与えつづけているのです。このＤＮＡは、我々が信じられないくらいの働きを担っているのです。このＤＮＡを自由自在に働かせるものは、一にも二にも三にも四にも五にも六にも七にも、すべては究極の真理、即ち大光明の意識のみなのです。それこそシンプルそのものです。

いかなることも絶対大丈夫。すべては完璧。不可能はない。自分にとってすべては可能である。すべては必ず出来る。自分にとって出来ないことは決してない。すべてはよくなる。よくなるばかりである。もっともっとよくなるばかりである。悪くなることなど決してない。自分の思うこと願うこと希望すること、すべては必ず成就する、大成就。なぜなら、そこにあるのは我即神也そのもの、究極の真理そのものだからである……という意識が、ＤＮＡを活性化させているのです。

自らの神性を信じることがＤＮＡ活性化の出発点

ここで一番肝心なこと、重要なことが一つあります。それは心の底から〝我即神也〟の真髄を理解できていなければ、ＤＮＡを一〇〇パーセント完璧に目覚めさせ、自分の自由自在、思う通りに働かすことは出来ない、ということです。なぜなら、前にも繰り返し述べたように、自らのＤＮＡは自らの意識そのものを直接、受け止めるからであります。

心の底から〝我即神也〟の真髄を理解できていれば、人類のＤＮＡを本来の神意識に目覚めさせ、すべてを自由自在に働かすことも出来るのです。

が、本人が未だ我即神也そのものの真理を信じられなかったり、疑っていたり、そこに否定的な想念、意志が加わったならば、DNAは本来の働きを自由自在に活性化させることは出来ません。

半神人、五分の一神人、十分の一神人、普通の人が、たとえ光明の言葉を素晴らしいと思い、いかなることも絶対大丈夫、すべては完璧、不可能はない、自分にとってすべては可能である、すべては必ず出来る、自分にとって出来ないことなど決してない、すべてはよくなる、よくなるばかりである、もっともっとよくなるばかりである、悪くなることなど決してない……などと念力のように唱えつづけたにせよ、その意識の深い部分で〝そんなことあるはずない〟〝そのような奇跡を生じさせる人はみな信心深く、努力と忍耐の積み重ねの連続により、初めて自らの願望が成就できるのであって、自分のように怠惰で、余り努力もせず、心底神の加護を信じられない者は、いくらポジティブな言葉を羅列しても奇跡が起こるはずはない〟と疑っているならば、DNAは本来の働きをすることが出来なくなってしまうのです。

これは自分の意識が〝我即神也の自分は本来、創造主、神の分霊であるから、自分の想うことは創造できるものである。ゆえに、果因説に基づき、すでに成就できた状態を想像し、創造してゆくのである〃の一点一方向に集中されず、二極に分かれてしまっている状態であると言えます。奇跡や成就を信じよう、信じたい、自分にも起こせるはずだという意志力、信念がある反面、自らの本性は我即神也であり、自らの人生の創造主でもあるという真理をどうしても受容できず、抵抗し、葛藤し、結果的にネガティブな選択、決断をしてしまうわけです。

これは本来の果因説ではありません。果因説を成就させるためには、まず〃我即神也、本来神に欠けたるものなし〃という徹底した完全調和、完璧、完成、無限なる能力、創造性、可能性を信ずることからワンステップが始まるのです。〃我即神也、自らは創造主から分かれた一部であるから、自らの人生は自らが想像し、創造するものである〃という真理が意識、魂の真髄に刻み込まれていないと、〃空念仏〃に終わってしまいます。

自らの願望を成就させたい時には、成就そのものの一点一方向に意識を集中させ、〃すでに我は成就した〃という時の歓喜、感謝、無限なる幸せを想像し、そこに意識をこめることによって、自らに内在せる創造力がその願望を成就なさしめるのです。

絶対なる信念が、成就の鍵となる

その時、決して自らを疑ってはなりません。諦めてもなりません。退いてもなりません。ただ、絶対なる信念をもって前へ進むのみです。自らの信念をさらに強く押し進めるエネルギーが必要なのです。

ここではっきり断っておきますが、自らの願望を成就できない理由として、◎自分には能力はない、◎自分はバックグラウンドがない、◎自分は貧乏だ、◎自分は学歴がない、◎自分はお金がない……などということはすべて通用しません。これらの理由は、すべて自分に対する言い訳に過ぎないのです。自分に言い訳をプッシュしつづけるならば、成るものも成りません。

人類はいかなる人も（善人も悪人も能力のある人もない人も）すべて神、創造主の一部であります。違いがあるとすれば、絶対真理に目覚めているか否かの差のみです。ゆえに、我即神也を信じ、神事を行ないつづけている神人は、人類の先駆けです。恵まれている、名誉ある、徳ある人と言わざるを得ません。

従って〝我即神也。我は創造主の一部。ゆえに自らの人生は自らが創造してゆく〟という絶対なる信念を持ちつづけ、貫き通してゆけば、すべては必ず成就するのであります。それでも成就できない人は、必ずどこかで疑いが生じているのです。心が二分化されてしまっているのです。

が、それでもなお、全く究極の真理が理解できない人よりは、成就の可能性は無限に開かれています。それに気づいた時に、選択を変えればよいだけです。疑いはやめた、絶対なる信念を持とう……と。これは大切なことです。自分の一生を左右するほど重要な真実です。そのためには、まず第一に、このような究極なる真理につながれた自らの神縁を自覚し、守護霊、守護神に感謝をしなければなりません。

世界中では未だに戦争、紛争、テロ、飢餓、対立、差別が繰り広げられていますが、そのまっただ中に今現在、自分が存在していないという自らの神縁に感謝しつづけるだけで、運命は好転するのです。

傍観者から創造者への飛翔

要は、いかなる人も、それがいかなる状況、環境、状態にあろうとも、決して自らの人生の、かつまた人類の運命の、さらには地球や宇宙の法則の傍観者であってはならないのです。決して傍観者の立場をとってはならないのです。誰もが世界の平和のために、そして、世界人類の幸せのために、ひいては地球、宇宙の完璧な法則のために、なくてはならない創造者なのであります。

人類一人一人がそれに気づいていなかったがために、地球、そして人類の歴史は常に闘争、紛争、戦争の繰り返しであり、貧困、飢餓、難民は絶えたことがなく、病や伝染病がこの世からなくなったことはないのです。そればかりか、ますますあらゆる面において困難は増えつづけ、ことに治療方法のない難病を創造しつづけ、人類は地球破壊に加担しつづけてしまっているのです。

二十一世紀は、人類がそれらの低次元意識から飛翔し、次元上昇してゆく時代であります。私たち自らが選択し、地球に、人類に変化を起こしてゆくのです。我々はその無限なる可能性と能力とパワーを持っているのです。

人類はもう決して世界の傍観者であってはなりません。誰も彼もが地球の運命の創造者であることを知らなければならないのです。そのために我々は、どこに我々の意識を向け、何に我々の意識を集中させ、どのように変革をなしてゆくかを理解しなければなりません。そのすべての条件を満たしているのが、〝我即神也〟の究極の真理そのものです。

真理の理解があってこその果因説

二十一世紀、人類一人一人が想像し、創造した世界を生きてゆくのです。それも過去の歴史が繰り返してきたようなネガティブな世界ではなく、完全なるポジティブな世界、光の世界、神の世界、自由なる世界、一切欠けたるもののない世界、輝かしい世界、至福の世界を生きてゆくのです。

そして、神人こそが人類に先駆けて、果因説を基にして自らの人生を想像し、輝かしい人生を創造してゆくのです。そのために必要なのは、目標を達成した状態、つまり成就の一点一方向に意識を向けることのみであります。

　ここで最も忘れてはならない重要なことは、これは究極の真理〝我即神也〟が根底に理解されている神人こそが、絶対可能なる道である、ということです。先にも述べたように、真理が理解され得ずに、ただ教えこまれたポジティブな言葉を毎日毎日繰り返し唱え、羅列しつづけても、それは、あくまでも自らの願望成就の成果を求めて努力しつづけていることにしかならないのです。彼らは、自らの願望成就に向かって日々瞬々歩みを進め、努力は重ねてはいますが、あくまでも目的地のない、果てしなく終わりのない道を歩んでいるようなものです。自分はこれからどれくらい歩くのか、もっと努力をするべきかも明らかではないし、どれくらい成就に近づいているかも定かではありません。果てしなく続く成就に向かっての「途上」であり、プロセスであり、目標を達成できる感触も味わっているわけではなく、その間に、本当に大丈夫かしら？　進歩しているのかしら？自分のようなものが出来るのかしら？　と疑いがヒョコヒョコと顔を出してきます。それらの疑いを即打ち消し、改めて意を決して努力を重ねてゆくけれど、なかなかうまくゆかない時もあります。そのうちに、途中で息切れしてしまって、次第に自らの信念がゆるみはじめ、覆されてきます。こうなったら成るものも成りません。疑いの信念や不可能であるという固定観念が頭をもたげ、無理、出来ないと、自らの無限なる可能性を自らが奪ってしまい、断念しようという意識が働いてしまうからです。そうなると、はなはだ残念ではありますが、成就できないことになります。

要するに、究極の真理、我即神也が理解されずに努力のみ、信念のみで成就のプロセスを歩むのと、究極の真理、我即神也を理解した上で努力するのとでは、その成果には雲泥の差が生ずるのです。

究極の真理〝我即神也〟を理解している神人は、その意識の根本に、無限なる能力、真理、叡智、パワー、不可能はない、絶対に大丈夫、成就という信念があり、日常生活において、神事の成就の体験を積み重ねている途上にあるから、仮に疑いが生じても、不信の念が起こっても、自らの真理、我即神也の神事を習慣的に繰り返してゆくうちに、軌道修正がなされ、結果的に願いが成就される感触を得、ついに成就へと到達できるのです。

因果律は過去の失敗、未完成、未成就の体験から意識が始まるので、どうしても確信をもって完成への道、成就の道へとゆきつきません。

果因説と因果律の違いは、果因説では自らの願望がすでに得られた状態（成就）を想像し、創造してゆくことが出来ますが、因果説は同じように自らの願望成就を目指しても、常に過去のネガティブな体験から来る意識に把われているため、成就よりも失敗したり、ひっくり返されたり、ダメになったりする状態を想像し、諦めたり、疑ったりして、結果、成就できないまま終わってしまうのです。

果因説の特徴は、自らの願望がすでに成就した状態から物事が始められ、考えられてゆくので、非常に効率よく力強く達成されてゆくのです。

因果律は、逆に過去の失敗や無理、不可能という体験から物事が始められ、考えられてゆくので、その先にゴール、即ち目的地が見えてきません。成果を求めて努力しますが、すでに成就が得られた状態をイメージできないため、いつまでも不安定で確信がもてず、不安がよぎり、終《しま》いには、疑いから不信、そして諦めへと意識が進み、ついには無理、不可能という過去の因果説の通りに導かれていってしまうのです。

このようにして、神人の天命は人類の未来に栄光への道を示す、誇り高く限りなく、神意識の世界を極めてゆく至福の人生を世に示してゆくのです。

第4章　神人の生き方

誇り高き神人の生き方

（二〇一一年『白光』一月号）

依存の道から自立の道へ

未だに世界規模の混迷から脱し得ない社会の中で、これから起こり得る種々さまざまなる問題を、人類一人一人が自らの問題として受けとめねばならない時がやってきました。さらに人類一人一人に理解が求められるのは、今までのように国家、社会、地域、組織レベルにてすべてを救済するのは今後、困難を伴うということです。いよいよ人類一人一人は、すべてへの依存から自立への道、即ち自らが自らを救済してゆく道に至ったのであります。

一見これは大変厳しいように思われますが、全くその逆で、人類の意識が次元上昇を遂げるための絶好のチャンス、目覚めや至福の機会の到来なのです。他に問題解決を依存していた時代は終わりを告げ、全人類が自己責任のもと、すべての問題を解決する時代が到来したのです。

但し、自己責任を身に修めてゆくためには、人類一人一人の相当なる覚悟が必要となります。世界平和も個々人の幸せも、決して天から降ってくるものでもなければ、地から湧き出てくるものでもありません。かつまた、政府機関や地域組織や慈善団体といった「他者」から与えられるものでも決してありません。あくまでも人類一人一人が自らの叡智や思考で築き上げ、創り出してゆくべきものです。

その根底には、真理の探求、真理の理解、真理の追求が不可決であり、それこそが今、人類一人一人に求められ、問われるものです。究極の真理なくして自らを真の幸せに導くことも、そして至福に満ちた人生を築いてゆくこともあり得ないのです。真理を知る者は、いかなる厳しい過酷なる状況にあっても、何事も難なく乗り越えてゆきます。強く逞しい、生き抜く魂力《たまぢから》が発揮されてくるからです。

魂力とは魂の力そのものです。魂の力とは、究極の真理を知った者のみが発揮できるものであり、宇宙神、本源なるところから直接降りてくる無限なる能力です。

二〇一一年を迎える富士聖地は、すでに次元上昇を遂げた神界そのままを映し出しています。そこは神霊界の場そのものです。宇宙神の波動と全く一にする世界の聖地です。その場こそ究極の真理「すべては完璧」「すべては成就」「すべてに欠けたるもの一切なし」の宇宙神の真理＝意識がそのまま存在しつづける聖域なのです。

この聖地に在るだけで、人類が三次元世界において創り出した固定観念、常識、抑圧、制約（不可能）から解き放たれてゆきます。なぜならこの聖地における大光明波動そのものは、神意識とは異なったいかなる波動とも全く調和せず、神意識以外の波動は自ずと宇宙神の大光明波動の中に飲み込まれ、浄められ、消え去っていってしまうためです。そのためこの場にあっては、人類が長い間培ってきた古き習慣の想いや幻想、不可能という意識、自己否定、不安、恐怖、疑惑、迷い、不信などといったマイナス想念の波動は、全く存在でき得ないのです。この聖地はすべてが愛であり、真理であり、光そのものだからです。

依存心を断ち切れるのが神人

この混迷の世界から抜け出し、人類を救済する鍵は、神人たちの手に委ねられています。これから神人たちは、人類を真理に導いてゆくための大いなるミッションを発揮し、果たしてゆくのです。**神人は光のメッセンジャー、真理のメッセンジャー、愛のメッセンジャー、生命のメッセンジャーそのものだからです。**

究極の真理なき者にリーダーの資格なし。神人とは自らが発心（真理を探求したいと意識）し、決心（その意識を自らの人生を通して現実に現わしたいと決意）して地上に降り立った魂たちです。崇高なる理念が遺伝子に宿っている偉大にして神縁深き人たちです。神人にとっての今生とは、究極の真理を改めて一つ一つ学びつつ、その真理を自らの器を通して現実に現わしてゆくプロセスそのものであります。

が、神人になるためには、もう一つ重要かつ必要な要素があります。それは持続心です。持続心こそが、神人への道を着き進んでゆくための大いなる力を発揮する原点なのです。発心し、決心したからには、その自らのミッションを絶対に結果に導くための地道なる努力――絶対に諦めない、捨てない、必ず持続させてゆこうとする強い信念こそが大切なのです。

神人にまで行き着くための意識のプロセスは、高く深く崇高なる道そのものです。自らに誇りを持ち、何があっても迷わず疑わず、あらゆる問題から決して逃げないよう限りなく努力しつづけるのです。時折、自分に対する自己批判、自己不信の念が頭をもたげてきても、その否定的想念をも断ち切る勇気を有している、それが神人です。

多くの神人たちが輩出されているからには、神人に至る道は意外に容易なのかも知れないと想像する方もおられると思いますが、決してそうではありません。

まず第一に、自らに打ち勝つための、とてつもなく深い真理への探求心が要求されます。その上に絶対なる信念、確信が必要となります。たとえば、あまりにも苦悩多き現実の中に置かれたとしても、神人は決して逃げず、自らをごまかさず、苦しみを苦しみとしてまず受け入れ、消えてゆく姿にしつつ、真理の道を体験してきた立派な方々ばかりなのです。

神人ともなると、依存心などが湧いてきても、即祈り、印を組むことにより「他に依存し、お願いし、頼みにすることは、自らに内在せる無限なる能力を認めていないということだ」と自らの意識を軌道修正できます。かつまた他に依存することによって、自らが本来発揮すべきであった無限なる能力が失われ、奪われてゆくことにすでに気づいています。そのため、自らの依存心を断ち切ることを自らに課するのです。

が、人類の多くは真理が判らず、一回依存することにより、ますますその依存度がいや増し、ついには自らの選択、決断、決心さえも出来なくなるのです。すべては神まかせ、他人まかせとなり、自らの人生そのものを自らが責任を持って創造してゆくべきところを、自らが放棄してしまうのです。

本来、逆境にあってこそ依頼心を捨てなければならないのです。依存の人生を続けてゆく以上は、今生では自らの天命が完うされることはありません。再び転生し、同じ低次元意識レベルから人生を始めてゆかねばならないことになります。神人はこの輪廻の生き方を卒業し、果因説の生き方を行じはじめている先駆者たちなのです。

要するに、これからの神人の役割は、人類一人一人の心の中に潜んでいる他への依存心を、限りなく祈り、印を組むことで、消えてゆく姿に変えてゆくことが出来るのだということを、教え導いてゆくことです。人類がこの世界的激流を乗り越えてゆくためにも、まずは神人こそが確固たる生き方を世に示し、確立してゆくことが必要なのです。今こそ神人は誇りを持って、気高く崇高なる生き方を世に示してゆく時なのです。

神人とは——誇り高き心得

二十一世紀は神人の存在そのものに光が当てられてゆきます。そのため、ここで自らが改めて五井先生より受け賜った神人としての心得を述べることにします。

神人と一口で申し上げても、限りなく神に近い方も存在すれば、やっと神人の仲間入りが出来た方もおられます。要するに神人といってもレベルが異なるのです。が、神人と称せられる方々は、みな一様に五井先生から降ろされた「神人養成課題」[注14]をすべてクリアーしている方々なので、他の一般の方々と比べると遥かに高い心境の方々ばかりです。

ここにおいて改めて「神人とは」を提起してみましょう。

一、神人とは、我々はどこから来たのか？　我々は何者か？　我々はどこに行くのか？　を知っている人である。

一、神人とは、自らが「我即神也」の真理そのものであることをすでに体験している人である。

一、神人とは、「我即神也」という真理に則って祈り、印を組みつつ生きているため、常に高い波動のエネルギーを周りに放出させている人である。その結果、低い波動（怒り、憎しみ、妬み、嫌悪、批判、対立、差別……などの否定的感情想念）は決して自分に引きつけない。

一、神人とは、すでに原因と結果（輪廻転生）という固定観念から卒業し、果因説の次元に生きはじめている人である。

一、神人とは、神人の魂が最高の能力を発揮できることを知っている人である。そのためすべて究極の真理に沿って「すべては完璧、欠けたるものなし、大成就」の人生を歩みはじめている。

一、神人とは、素晴らしく輝かしい人生を自らの力で創り出している人である。

一、神人とは、指導者を必要とせず、自らが自らを導く指導者であると自負している人である。それゆえに人類のリーダーとしての指導者たる道を歩んでいる。

一、神人とは、まさに自らの肉体を通し、今生に四次元世界を顕現させようと常に祈り、印を組みつづけている人である。

一、神人の生き方こそが人類の意識を変え得る最高の方法である。そのため、神人一人一人は現実社会において必要とされてくる。

一、神人同士が共通のテーマや課題を一緒に励むことによって、さらに進化創造し、理解も一層深まり、生きることそのものが、真の喜び、幸せ、誇り、歓喜となり、人類の手本となってゆく。

一、神人同士が共に真理を語り合うことは天に通じ、即、天から光が降り注がれ、世の中に社会に家族に、自然発生的に真理が行き渡ってゆく。

一、神人とは、決して現象面のプロセスにおいて善い悪いという判断を下さず、決めつけない人である。すべては起こるべくして起こり、消えるべくして消え、解決されるべくして解決されてゆくことを深く理解している。そのため、すべては必ずよくなる、大丈夫、絶対成就という一点一方向、神への道へと導かれてゆく。

一、神人とは、古い殻、常識、固定観念から抜け出している人である。そのため、高次元意識レベルにおいての解決を為し遂げてゆく。

一、人々が一人では見出せなかった問題解決法であっても、神人同士は、問題の奥にある過去の誤った認識に気づき、即そこから脱け出すことが出来る。

一、神人にとっての問題解決法とは、何事も他に依存せず、自らに問いかけることによって答えを見出すことである。

一、神人同士の交流によって、お互いのエネルギーが引きつけ合い、高まり合い、無限なる直観力が同時に引き降ろされ、一人では体験できない解決策や真の至福がもたらされる。

最後に究極の神人について述べてみましょう。

一、究極の神人は、意識的に自分の人生や欲しいものを創造し、物質化することが出来る。

一、究極の神人は、自らが創造し、現実化することは、すべて常に宇宙神との共同創造であることをすでに体験して知っている。

一、究極の神人は、自らが意識すれば宇宙神の無限なるエネルギー、可能性が自らのイメージしたものに同調し、超強力なる力が与えられる。それは確実にこの世において形を取りはじめ、ついに実現可能となる。

一、究極の神人が現実化したものは、すべて自らが強力に意識し、信じた結果である。要するに自らの魂を吹き込んだ結果である。

結論として、神人および神人予備群は、今生の人生を最高に生きるために、常に悔いのない人生を送るよう心がけ、祈り、印を組みつづけている人々です。たとえ過去の過ちややり残し、かつまたああすればよかった、こうすればよかった……という悔いの想いがあったとしても、それらをすべて自分自身で光に変容させ、「欠けたるものなし」の満たされた人生を築くために常に一瞬一瞬自らを磨き高め上げ、真理そのものを顕現するよう努めているのです。

また自らが望み、そして天から与えられた人生を己のためにだけ使うのではなく、あくまでも世界人類の平和実現のために捧げ尽くすという崇高な志を抱いて生きつづけているのであります。

天地共同のプロジェクト

神人にとっての悔いのない人生とは、苦労や失敗や挫折のない人生をいうのではありません。それらの体験があったらばこそ、自らの魂がさらに磨かれ、高め上げられ、残りの人生を有意義に過ごすための発起点となるのです。その結果、幸運な輝かしい人生を送れるのであります。

自らの人生にて出合ういかなる不運な出来事をも、常に幸運な出来事へと進化創造させてゆくのです。即ち、すべての苦労や失敗や挫折が自らの成長の糧となり、神意識のレベルにまで行き着くための可能性を引き出してゆくという、最高の生き方なのです。

究極的に言えば、物質界に転生している人類の魂は、それぞれのレベルにおいて、誰もが一生に一度は大きな意識変容の瞬間に出合うよう天より計画されており、かつまた誰もが一人残らず進化創造の道を歩みつづけているのです。神人たちの魂はこぞって高いのですが、特に崇高なる神人は、意識的にすべての欲望から自らを解き放ち、執着を捨て、限りなく神意識の聖域にとどまり、出会う人々に自らの意識から発する輝かしい宇宙神の光を降り注いでいます。彼らは〝自らが考える通りの者になる〟という究極の真理を深く理解しています。究極的には、自らが考える通りの者とは即ち〝我即神也〟そのものです。それを顕現させるため、死の瞬間までこの究極のミッションを果たすべく、自らのエネルギーを枝葉末節に使用せず、あくまでも〝我即神也〟そのものを顕現させるため、自らのエネルギーを自らの思考、即ち〝我即神也〟に従わせるため意識を集中させ、祈り、印を組み、世界人類救済のために献身する道を歩みつづけているのです。

　この生き方こそが宇宙神はじめ五井先生率いる大光明霊団[注21]のご計画に沿った天地共同一大プロジェクトであり、それが世界中に展開されてゆくのです。すべては決して偶然ではなく必然であり、宇宙神により計画され、定められていたのであります。

世界の現象面、そして世界人類に向けられた状況は、ますます大変厳しいものですが、だからこそ我々神人群団の働きが必要なのです。天地を貫いた究極の真理を身に修め、神人としての天命を大いに発揮しつつ、世界人類より〝吾は神を見た〟と思わず思わせるだけの自分をますます磨き高め上げ、光り輝く神人として、誇りを持って世界平和のために自らを献げていこうではありませんか。

現象を摑むか、神性を摑むか

（二〇一五年『白光』十二月号）

宇宙子と呼吸法

私は『遺伝子と宇宙子』（致知出版社・刊）という村上和雄先生との共著で宇宙子について発表しました。宇宙子とは、生命の源である宇宙神より発せられている生命エネルギーであり、宇宙神の一部です。これは今に科学で証明されることでしょう。宇宙子はどこにでも遍満しているけれど、目で見ることは出来ない。しかしそれはすごいエネルギーなのです。

人間が生きるためには空気が必要で、空気が吸えなくなったら死んでしまう。これは事実です。しかし、空気だけではダメなのです。空気を吸う時、人はその中に遍満している宇宙子、大生命力を吸収しているからこそ、生きていけるのです。

ところが、現代人の呼吸はたいてい浅くなっています。呼吸が浅いと、肉体に入ってくるのはほとんどが汚れた空気となってしまいます。そこで神聖なる呼吸法です。この呼吸法は丹田に力を入れて、ギュウッとおへそと背中を引きつけるようにして息を吸い込みます。吸う時にはヒューッと、まるで一つのすごいエネルギーによって吸い込まれるように、空気の中のコア、宇宙神の大生命力がまとまって入ってくるのです。そして自分の中に蓄積されていた汚いもの、毒素がパーッと出ます。

これを何回か繰り返すと、呼吸によって雑念がなくなり、呼吸によって自分自身の意識が無意識に宇宙神とつながってゆく。これはもう習慣や教えを超えた部分で、無意識に自分のコア、丹田の中のコア、神性につながってゆくのです。

すると、「自分が神性を復活する」とか、「もともと私は本来神性そのものである」ということを自分に言い聞かせなくとも、呼吸法を通して、本物の宇宙神の神聖なるエネルギーが自分の中に入ってくることによって、自分自身の肉体が浄まり、脳が活性化し、考え方がポジティブになるのです。

人間はなぜネガティブになるか。なぜマイナスのものを摑まえてしまうのか。なぜ病気や貧乏や明日の心配をしてしまうのか。これはもちろん想いの習慣や不安恐怖によるものです。しかしエネルギーの観点から言えば、酸素の中に含まれている大生命力の取り込み量が少ないから、ということにもなります。ですから深い呼吸をすれば、自然に宇宙神の素晴らしい生命エネルギーが直結するのです。このエネルギーは肉体、媒体を通さないと決して地上界には降りてこないものです。

地上界には大生命の源であるコアの宇宙子が、生命エネルギーを含んで遍満しています。ですからどんなに放射能を浴びた土壌からも植物が生えてくる。それは空気中に、大地に、水の中に、大生命の源の生命、コアがあるからです。どんなに放射能に汚染されていても、水が濁っていても、毒が入っても、そこに大生命力というものがある限り、生命は蘇るのです。空気にも水にも大地にも、あらゆるところに宇宙子があるからそれらは蘇る。

ですから本来、人間だってもっと蘇るのです。しかし、想いが乱れていると呼吸も乱れ、浅くなるため大生命力の取り込み量が減少し、さらにネガティブな想いに把われてしまいます。そのような時こそ呼吸法です。呼吸法によって、宇宙子を自らの神性のコアに届けることで、私たちは自然によいもの、ポジティブなものを摑むことが出来るようになる。自らの呼吸が自らを導いてゆくのです。

人生は何によって創られてゆくか。自分が日頃何を考え、どのような言葉を発しているかによってです。

つまり、人生とは瞬間瞬間の選択であり、今という一瞬に何を摑んでいるかです。私たちは日々、さまざまな思いが湧き、さまざまな事柄を摑んでいます。しかし、突き詰めて考えてみると、結局、自分が普段摑んでいるものは、神性か現象面か——この二つしかないのです。

現象面を摑んでしまうと、今までの延長線上の未来がやってきます。しかし、神性のコアを摑めば、神性を起点とした新しい果因説の未来が描かれてゆくのです。

自分自身の神性を摑む

我即神也、人類即神也も神性の宣言です。これが発表された当時は、よく分からず、自分が神なんて恥ずかしいと思ったかもしれませんが、皆様は弛みなく唱えてこられた。それが神性復活の元なのです。

そうして二十年が経ち、今では我即神也が私たちにとって当たり前の固定観念になりました。その固定観念を自分自身で引きつけることによって、神性の生き方が出来るようになったのです。

ですから、人生を変えたいならば、世界の平和を望むならは、現象面ではなく自分自身の神性を摑むことです。自分は神性なのだ、出来るのだ、無限なる素晴らしいエネルギーが入ってきているのだ、それを毎日、毎瞬、摑むことです。摑む方法論、それが呼吸法であり印です。呼吸法、印により、もはや雑念の入る余地なく、現象面を摑むことなく、大生命力のコアが神性まで届くのです。そこで初めて自分の人生が本当に変わるのです。

自信をもって、この世の現象面を摑まずに、自分の神性を摑むのです。呼吸法をすれば神性を摑めます。自分が摑んだと思ったら、自分はそれを摑んでいるのです。自分が摑み忘れたと思ったら、自分はそれを摑んでいないのです。法則とはとてもシンプルです。

神性復活とは、自分の心の中に神性が輝いているものなのだ、本来は健康なのだ、幸せなのだ、病気はないのだということです。

そして最後にもう一つ。

呼吸法の世界平和の祈りをずっと続けていき、一呼吸を出来るだけ深くします。一回でもいいから、深い呼吸をするのです。究極的には自らが神界に届くのです。そして戻ってくるのですが、この神界に届くということが、大生命に直結するのです。真の生命とは何か。呼吸法を行なうことにより、自らの力で肉体の汚れや疲れを祓い浄めているのです。

死もまた呼吸法そのものです。昔の賢人たちは、死期が近くなると少しずつ食を減らし、水を減らし、自らの肉体をととのえ、一ヵ月か二ヵ月かけて自然方法の死を迎え入れました。食べ物を一ヵ月止める。一ヵ月や二ヵ月ではなかなか死ねません。そのうちにだんだん弱ってくると水をやめます。水をやめても三日か一週間はまだ生きます。

でも、この神性復活の呼吸法は、死への導きの訓練です。神界に行ってまた今生に戻ってくる。行っては戻りを繰り返し、戻ってきたことに対して感謝する。そして神界に行った時、自分はこんなに肉体がきれいで、これだけ人類のために尽くし、神様からも「もうあなたは充分」ということになったら、そのまま美しい笑顔で、にこやかなまま、苦しみなく死ねるのです。

それが神性復活なのです。

ですから皆様方がなさってきた功績というものは究極の真理を実施した素晴らしいものなのです。

まだご自分では実感が湧かないでしょう。この実感を得ていくのに、神性復活が始まったのです。一人一人が自分の神性とつながり、常に私は光り輝いて、やろうと思えば何でも出来るのだと知ることです。一瞬一瞬、神性を摑むのです。出来なかった過去を摑むのではない、現象面を摑むのではないのです。

そう言われたって自分は貧乏だ、そう言われたって自分は学校もろくに出ていない、そう言われたって今ガンだ、と思う方もおられるかもしれません。しかし、自分が日頃摑んでいるものがガンであれば、ガンは治りません。貧乏であれば、貧乏も治りません。

神性復活とは自分の神性を摑むこと。自分自身が神性であることを信ずること、疑わないこと。人間は本来的に神性そのものなのです。神性の中には否定的なもの、マイナスの現象は一切ないのです。摑めばそれが来る。摑めば来るのですよ、この地上界の物質の法則は。

宇宙の法則により、神性なるものが限りなく皆様方に与えられているのです。

ですから他人に神性復活を教えるのではないのです。自分自身が本物の神性を摑み取って初めて、自分の体験として人に神性復活が語れるのです。

多くの人はまだまだ自分を疑っている。まだまだ現象面をたくさん摑まえている。まだまだダメだと思っている自分がある。それは全部、過去です。幻です。あなた方は幻を摑んで、自分の人生の中に取り入れてきたのです。

幻を摑む必要はない。幻、現象というものは自分が願って、自分が創って、自分で引き寄せたもの。まだ現実に現われていなくとも、自分が思いつづけたことは必ず現実にやって来ます。同じことを繰り返したらそれは現実になるのです。

では、何を摑むか。常に神性を摑んでみてください。それを体験してください。自分は輝いている。自分は出来るのだ。大丈夫、必ずうまくいく。必ず神様と一緒なのだ、一体なのだ。宇宙神と一体なのだ。自分には何にも響いてこない、叡智がないと思っても、自分の中には神様と一体の叡智があるのだ。神性そのものなのだ。そこを摑めば、それが神性復活なのです。

注の参照　参考資料

注1　神性…神の性質。

注2　宇宙神…宇宙に遍満する生命の原理、創造の原理である大神様のこと。絶対神。創造神。

注3　消えてゆく姿／消えてゆく姿で世界平和の祈り…怒り、憎しみ、嫉妬、不安、恐怖、悲しみなどの感情想念が出てきた時に、それらは新たに生じたのではなく、自分の中にあった悪因縁の感情が、消えてゆくために現われてきたと観ること。その際、世界平和の祈り（注10参照）を祈り、その祈りの持つ大光明の中で消し去る行のことを「消えてゆく姿で世界平和の祈り」といいます。この行を続けると、潜在意識が浄化されてゆきます。

注4　光明思想…何があっても必ずよくなることを信じ、内なる神性に根ざしたプラス思考に徹すること。光明思想徹底行とは、日常生活の中で、否定的な想いや言葉（ばか、のろま、くたばれ、間抜け、出来ない、難しい、無理だ、不可能だ…）を心に抱いたり、口に出したりした時に、即座に、光明思想の言葉を唱えるか、または、世界平和の祈り（「世界人類が平和でありますように」の一節だけでも構いません）を祈ることによって、打ち消す行のこと。これを続けることによって、自己の心の中に潜んでいる否定的な想いが消えてゆき、やがて、その奥にある神性が顕現されてゆきます。この光明思想徹底行には、言葉と印の2種類があります。光明思想の言葉の例：無限なる愛、無限なる赦し、無限なる調和、無限なる光、無限なる感謝、無限なる喜び……等、詳細は150頁をご覧ください。印については白光真宏会公式ホームページ（byakko.or.jp/method/kohmyo）でご覧いただけます。

注5　共磁場…同種類の想念、言葉、行為を繰り返すことによって、それらのエネルギーが蓄積されて形成される磁場。三次元の現実世界に影響を及ぼしています。概念的には、ルパート・シェルドレイクの形態形成場（形の場。自然界には電気や磁気や重力以外の、未知の力が存在するという説による）と同じです。

注6　五井先生…白光真宏会創始者・五井昌久のこと。大正五（一九一六）年、東京に生まれ、昭和二十四（一九四九）年、神我一体を経験し、覚者となりました。祈りによる世界平和運動を提唱し、国内国外に共鳴者多数。また、悩める多くの人々の宗教的指導にあたるとともに白光真宏会を主宰しました。昭和五十五（一九八〇）年八月帰神（逝去）。

注7　果因説…自分の蒔いた種（前生の因縁や今生の自分の言動行為）は必ず自分が刈り取らねばならないという因果応報の法則を因縁因果律といいますが、果因説とは、この因縁因果律を超える方法として筆者が提唱する説で、自分が望む（結）果を心に描き、心に刻むことによって、現象界にその（原）因が引き寄せられ、やがて自分が望む（結）果がもたらされるという説です。

注8　富士聖地…富士山西麓の静岡県富士宮市朝霧高原にあり、白光真宏会の本部が置かれています。

注9　憲章…ここで言う憲章とは『富士宣言―神聖なる精神の復活とすべての生命が一つにつながる文明へ向けて―』のこと。二〇一五年、ブダペストクラブ創設者であるアーヴィン・ラズロ博士と西園寺裕夫氏、西園寺昌美氏の三名が個人として代表発起人となり、ノーベル賞受賞者を含む三百人の発起賛同者と五〇の国際的なパートナー団体により発表されました。白光真宏会はパートナー団体の一つです。詳細は『富士宣言』公式ホームページ（fujideclaration.org/ja）でご覧いただけます。

注10　世界平和の祈り…白光真宏会創始者・五井昌久提唱の「世界平和の祈り」のこと。この祈りは、五井昌久と神界との約束事で、この祈りをするところに必ず救世の大光明が輝き、自分が救われるとともに、世界人類の光明化、大調和に絶大なる働きを為します。世界平和の祈りの全文は148頁をご覧ください。

注11　我即神也…我即神也とは、自分は本来、神そのものであるという真理。我即神也の真理を現わした

文章に「我即神也の宣言文」があります。宣言文の全文は151頁をご覧ください。

注12　印…印には、さまざまな種類があります。著者が提唱した自己の神性を顕現させる「我即神也の印」と、人類に真理の目覚めを促す「人類即神也の印」は、国内外に広まり、多くの人々によって組まれています。この二つの印は、宇宙エネルギーを肉体に取り込むための、発声を伴った動作です。印の組み方は、白光真宏会公式ホームページ（byakko.or.jp/method/in）でご覧いただけます。

＊我即神也の印とは、自分を神にまで高める方法です。この印を組むことによって、宇宙根源のエネルギーを受け取ることが出来、自己変革が起こります。そして、自分が神であったことを思い出し、自分と人類と、大自然を含めたすべての存在が一つにつながっていることが実感できるようになります。

＊人類即神也の印とは、人類に真理（我即神也）の目覚めを促すための印です。この印を組むことによって、宇宙の根源のエネルギーが地球上に放射され、人類は真理に目覚めはじめます。

注13　人類即神也…人類即神也とは、人間は本来、神そのものであるという真理。人類即神也の真理を表わした文章に「人類即神也の宣言文」があります。宣言文の全文は152頁をご覧ください。

注14　神人…神人とは、神性に目覚めた人（自分も人も本質は神であると自覚し、愛そのもの、調和そのものの想念行為の出来る人、または、そうなるよう努めている人）であり、また、宇宙神の光を自らの身体に受け、地球上に放つことが出来る人です。白光真宏会には神人になるための「神人養成プロジェクト（神人養成課題）」があります。「神人養成プロジェクト（神人養成課題）」については154頁をご覧ください。

注15　守護霊、守護神…人類の背後にあって、常に運命の修正に尽力してくれている各人に専属の神霊を指します。守護霊は先祖の悟った霊で、正守護霊と副守護霊がいます。正守護霊は、一人の肉体人間に専属し、その主運を指導しています。副守護霊は仕事についての指導を受け持っています。その上

位にあって、各守護霊に力を添えているのが、守護神です。

注16　宇宙子科学…宇宙子波動生命物理学。昭和三十七年から宇宙天使の指導のもとに始められた調和の科学。

注17　呼吸法…呼吸法には、さまざまな種類があります。著者が提案した「呼吸法を伴った〝我即神也・成就・人類即神也〟の唱名」は、心の中で「我即神也」と唱えながら息を吸い、息を止めて「成就」と念じ、その後、心の中で「人類即神也」と唱えながら息を吐く行のことです。

注18　地球世界感謝行…地球世界を司る神々様に対し、人類を代表して感謝の祈りを捧げる行のこと。この地球世界感謝行を行なうことにより、地球世界の万物、生きとし生けるものに、癒しのエネルギーが伝わります。この地球世界感謝行には、言葉と印の2種類があります。詳細は白光真宏会公式ホームページ（byakko.or.jp/method/chikyu）でご覧いただけます。

注19　マンダラ…マンダラには、さまざまな種類があります。著者が提唱した「宇宙神マンダラ」「地球世界感謝マンダラ」「光明思想マンダラ」は宇宙のエネルギーの発信源です。これらのマンダラを描くことによって、自分の希望する人生が創造できるようになります。また、人類に真理の目覚めを促し、地球の大自然、生きとし生けるものをよみがえらせてゆきます。「宇宙神マンダラ」は神人養成課題（詳細は154頁参照）の一つです。マンダラは白光真宏会公式ホームページ（byakko.or.jp/method/mandala）でご覧いただけます。

注20　世界各国の平和の祈り…世界各国一国一国の平和と幸せを祈る行事のこと。

注21　大光明霊団…神界・天上界において宇宙全体の救済、特に地球人類の次元上昇と進化向上のために、日夜尽力している霊団のこと。

世界平和の祈り

世界人類が平和でありますように
日本が平和でありますように
私達の天命が完《まっと》うされますように
守護霊様ありがとうございます
守護神様ありがとうございます

人間と真実の生き方

人間は本来、神の分霊《わけみたま》であって、業生《ごうしょう》ではなく、つねに守護霊《しゅごれい》、守護神《しゅごじん》によって守られているものである。

この世のなかのすべての苦悩は、人間の過去世《かこせ》から現在にいたる誤《あやま》てる想念が、その運命と現われて消えてゆく時に起る姿である。

いかなる苦悩といえど現われれば必ず消えるものであるから、消え去るのであるという強い信念と、今からよくなるのであるという善念を起し、どんな困難のなかにあっても、自分を赦《ゆる》し人を赦し、自分を愛し人を愛す、愛と真《まこと》と赦しの言行をなしつづけてゆくとともに、守護霊、守護神への感謝の心をつねに想い、世界平和の祈りを祈りつづけてゆけば、個人も人類も真の救いを体得出来るものである。

光明思想の言葉

光明思想の言葉には、次のような言葉があります。

無限なる愛
無限なる調和
無限なる平和
無限なる光
無限なる力
無限なる英知
無限なるいのち
無限なる幸福
無限なる繁栄
無限なる富
無限なる供給
無限なる成功
無限なる能力
無限なる可能性
無限なる健康
無限なる快活
無限なるいやし

無限なる新鮮
無限なるさわやか
無限なる活力
無限なる希望
無限なる自由
無限なる創造
無限なるひろがり
無限なる大きさ
無限なる発展
無限なるエネルギー
無限なる感謝
無限なる喜び
無限なる美
無限なる若さ
無限なる善
無限なるまこと
無限なる清らか

無限なる正しさ
無限なる勝利
無限なる勇気
無限なる進歩
無限なる向上
無限なる強さ
無限なる直観
無限なる無邪気
無限なるゆるし
無限なる栄光
無限なる気高さ
無限なる威厳
無限なる恵み
無限なる輝き
無限なる包容力

我《われ》即《そく》神《かみ》也《なり》（宣言文）

私《わたくし》が語る言葉は、神そのものの言葉であり、私が発する想念は、神そのものの想念であり、私が表わす行為は、神そのものの行為である。

即ち、神の言葉、神の想念、神の行為とは、あふれ出る、無限なる愛、無限なる叡智《えいち》、無限なる歓喜、無限なる幸せ、無限なる感謝、無限なる生命《いのち》、無限なる健康、無限なる光、無限なるエネルギー、無限なるパワー、無限なる成功、無限なる供給……そのものである。それのみである。

故に、我即神也、私は神そのものを語り、念じ、行為するのである。

人が自分を見て、「吾《われ》は神を見たる」と、思わず思わせるだけの自分を磨き高め上げ、神そのものとなるのである。

私を見たものは、即ち神を見たのである。私は光り輝き、人類に、いと高き神の無限なる愛を放ちつづけるのである。

人類即神也《じんるいそくかみなり》（宣言文）

私が語ること、想うこと、表わすことは、すべて人類のことのみ。人類の幸せのみ。人類の平和のみ。人類が真理に目覚めることのみ。

故に、私個に関する一切の言葉、想念、行為に私心なし、自我なし、対立なし。すべては宇宙そのもの、光そのもの、真理そのもの、神の存在そのものなり。

地球上に生ずるいかなる天変地変、環境汚染、飢餓、病気……これらすべて「人類即神也」を顕すためのプロセスなり。

世界中で繰り広げられる戦争、民族紛争、宗教対立……これらも又すべて「人類即神也」を顕すためのプロセスなり。

故に、いかなる地球上の出来事、状況、ニュース、情報に対しても、又、人類の様々なる生き方、想念、行為に対しても、且つ又、小智才覚により神域を汚《けが》してしまっている発明発見に対してさえも、これらすべて「人類即神也」を顕すためのプロセスとして、いかなる批判、非難、評価も下さず、それらに対して何ら一切関知せず。

私は只《ただ》ひたすら人類に対して、神の無限なる愛と赦《ゆる》しと慈しみを与えつづけ、人類すべてが真理に目覚めるその時に至るまで、人類一人一人に代わって「人類即神也」の印を組みつづけるのである。

神人について

神人（しんじん）とは、真理を想いつづけ、神の無限性を言葉と想念と行為に現わすことが出来るようになった人々のことを言います。真理を語り、真理を想い、真理を行動として表わすならば、私たちの心は宇宙神、大自然、すべてと一体になってゆきます。それにより、私たちの意識は高次元世界のものとなり、私たちは三次元の束縛（因縁、名誉、地位、権力）から自由になってゆきます。心の働きが高まり、意識があらゆるものから自由になり、ますます真理を求めるようになります。このような人を神人と言います。現在の地球は、急速に次元が上昇しつづけ、物質文明から精神文明への過渡期にある、といわれています。本会では、神人が十万人に達すると、さらに強力な宇宙神の大調和の光を地球世界に流入させることが出来、人類が真理に目覚めはじめ、やがて、この地球上に完全なる平和社会が樹立されるとして、神人十万人の実現を目指すプロジェクトを進めています。

十万人の神人が世界を変える（西園寺昌美『神人誕生』より）

私たちは宣言文にあるように、ただ無心に純粋に、我が内なる神を認め、神を見出し、神の姿を顕現するよう努めてきたのです。そこに一切の疑いはありませんでした。迷いはありませんでした。否定の念さえ生じませんでした。皆、心から、自分たちの祈りにより今生に降ろされた究極の真理を迎え入れたのです。

本来ならば、それが当然なことなのです。人類はみな、一人残らず神なのです。自らが未だ神だと認められぬ者は〝神の子〟と認めればよろしい。それでも認められぬ者は〝かつて神だったのである〟〝かつて神の子だったのである〟と思えばよろしいのです。

いずれにせよ、二十一世紀、十万人の神人が今生に誕生します。十万人の神人誕生、この十万人の人々が〝我即神也〟を認めたということなのです。これによって、世界は大きく変わってゆくのです。たった十万人の神人が？　と思えるでしょう。そうなのです。この十万人の神人たちが世界を大きく変えてゆく原動力となるのです。

マイナスの想念でつくられた今までの常識を次から次へと覆してゆくのです。そこに一切の批判、非難、評価も下さず、自然にマイナス思考は消されてゆきます。この世からマイナスの念波は力を失ってゆきます。そして十万人の神人誕生により、プラス思考が主流になってゆきます。プラス思考の教育、医療、政治、経済、法律が発展してゆくのであります。

二十世紀において、世界中で繰り広げられていた戦争、民族紛争、宗教対立もすべて消えてゆきます。世界人類が十万人の神人の神性の輝きによって変わってゆくのです。そして一人、また一人と神人が誕生してゆきます。一人の神人を通して一人の神人が誕生してゆくのであります。

そこに人類の誰もが他を神と認める本来の魂の目覚めが起こるのです。他の人々を心より尊敬し、心より大事に思う心が生じるのです。そこに自分以外の人を心より〝素晴らしい、美しい、素敵〟と、素直に思える心が芽生えてくるのです。それがプラス思考の常識となってゆくのであります。今までのマイナス思考では、どうしても他の人々を〝羨ましい、妬ましい、悔しい、憎い〟と思え、他の人の姿に神を観ることが決してありませんでした。しかし、これからは別段、意識せずとも、お互いに相手の善きところ、素晴らしきところ、輝かしきところを称え合う心が芽生えてくるのです。いや、自分の心から湧き上がってくるのであります。

そういう世界が私たち神人たちの手によって創り上げられてゆくのが、二十一世紀なのです。

しかし、ここにおいて最低十万人の神人が今生に誕生しなければ、世界六十億の人々を神人候補者として導いてゆくことは不可能です。

しかし、必ず出来るのです。これは絶対です。

なぜなら神示だからです。今まで神示が成就しなかったことは一度もありません。必ず成りました。だからこそ、私はすべてを五井先生や瀬木神、法友神に任せているのであります。

十万人の神人たちは、地球上に生ずる天変地変、環境汚染、飢餓、病気を、宇宙神の究極の光の一筋により消し去ってゆくのです。ですから、最低十万人の人々が宇宙神よりの究極の光を実際に浴びる必要に迫られるのです。それによって、十万人の神人となるのです。

宇宙究極の光、エネルギーは、七の七乗、七の十四乗というごく微妙な宇宙の周波数で、普通では今生に届かない神界の波動です。この波動を一人の人が十人分、百人分受け持つことは、一人の人が何十万ボルトの電流を浴びることよりも凄いことなのです。故に、それは不可能です。それこそ肉体がもたないからです。そのために、十万人の神人が、宇宙究極の光、エネルギー、パワー、叡智を分担して受け持つ必要がありまます。十万人の神人がその天命を担ってこそ、世界六十億の人々を真理に目覚めさせることができるのです。

神人になるための最短の方法に「神人養成課題」があります。十六歳以上で、神人の意義を理解され、我即神也と人類即神也の印を組める方なら、どなたでも課題に取り組めます。

1．**宇宙神マンダラの作成**：2枚のマンダラ用紙の一枚に「我即神也」の文字を、もう一枚に「人類即神也」の文字を、それぞれ105周、息を止めて書きます。

2．**人類即神也の謹書**：「人類即神也」の宣言文を唱え、印を組んだあと「人類即神也」を1分間、息を止めている間に7回謹書する。（これを100セット行なう）

3．**人類即神也の宣言**：7万人に対して「人類即神也」と宣言する。

神人養成課題を始める前に、次のものをご用意ください。

1．宇宙神マンダラセット（宇宙神マンダラ用紙2枚、マニュアル等）
2．マンダラ用の筆記用具（黒ペン／芯径0.3ミリをおすすめします）
3．謹書する用紙（原稿用紙、種類・サイズ自由）
4．鉛筆・消しゴム

＊神人養成課題はマニュアル（宇宙神マンダラセットに同梱）に従って行ないます。

西園寺昌美（さいおんじ　まさみ）
祈りによる世界平和運動を提唱した故・五井昌久氏の後継者として、〈白光真宏会〉会長に就任。その後、非政治・非宗教のニュートラルな平和活動を推進する目的で設立された〈ワールド ピース プレヤー ソサエティ（国連NGO）〉代表として、世界平和運動を国内はもとより広く海外に展開。1990年12月、ニューヨーク国連本部総会議場で行なった世界各国の平和を祈る行事は、国際的に高い評価を得た。1999年、財団法人〈五井平和財団〉設立にともない、会長に就任。2005年５月、「Symphony of Peace Prayers～世界平和交響曲　宗教・宗派を超えて、共に世界の平和を祈る（SOPP）」を開始。2013年２月には国連本部総会議場で開催された「United for a Culture of Peace Through Interfaith Harmony（国連総会議長らが主催のセレモニー）」の中で「Symphony of Peace Prayers」が行なわれた。その際、SOPP提唱者としてスピーチを行ない、多大な賛同を得た。2008年には西園寺裕夫氏（五井平和財団理事長）と共に、インド世界平和賞「哲学者　聖シュリー・ニャーネシュワラー賞2007」を受賞。2010年には「女性リーダーサミット」で第１回目の「サークルアワード」を受賞。ブダペストクラブ名誉会員。世界賢人会議（WWC）メンバー。
『明日はもっと素晴しい』『我即神也』『果因説～意識の転換で未来は変わる』『人生と選択１・２』『ドアは開かれた――一人一人の意識改革』『クリエイティング・ザ・フューチャー――未来創造』（以上、白光出版）
『あなたは世界を変えられる（共著）』『もっともっと、幸せに』『無限なる幸せ』（以上、河出書房新社）　など著書多数。

発行所案内：白光（びゃっこう）とは純潔無礙なる澄み清まった光、人間の高い境地から発する光をいう。白光真宏会出版本部は、この白光を自己のものとして働く菩薩心そのものの人間を育てるための出版物を世に送ることをその使命としている。この使命達成の一助として月刊誌『白光』を発行している。

白光真宏会出版本部ホームページ　byakkopress.ne.jp
白光真宏会ホームページ　byakko.or.jp

つながり合う世界

平成二十八年七月二十五日　初版

著者　西園寺昌美
発行者　吉川譲
発行所　白光真宏会出版本部
〒418-0102　静岡県富士宮市人穴八一二－一
電話　〇五四四（二九）五一〇九
FAX　〇五四四（二九）五一一二
振替　〇〇一二〇・六・一五一三四八
東京出張所
〒101-0064　東京都千代田区猿楽町二－一－一六
下平ビル四〇一
電話　〇三（五二八三）五七九八
FAX　〇三（五二八三）五七九九

印刷所　株式会社　明徳

ISBN978-4-89214-213-0 C0014